2000 km Freiheit

ZU FUSS ÜBER DIE ALPEN
VON WIEN NACH NIZZA

»Wandern ist die vollkommendste Art der Fortbewegung,
wenn man das wahre Leben entdecken will.
Es ist der Weg in die Freiheit.«

Elizabeth von Arnim (1866–1941), Schriftstellerin

HANS THURNER

2000 km Freiheit

ZU FUSS ÜBER DIE ALPEN
VON WIEN NACH NIZZA

BRUCKMANN

Inhalt

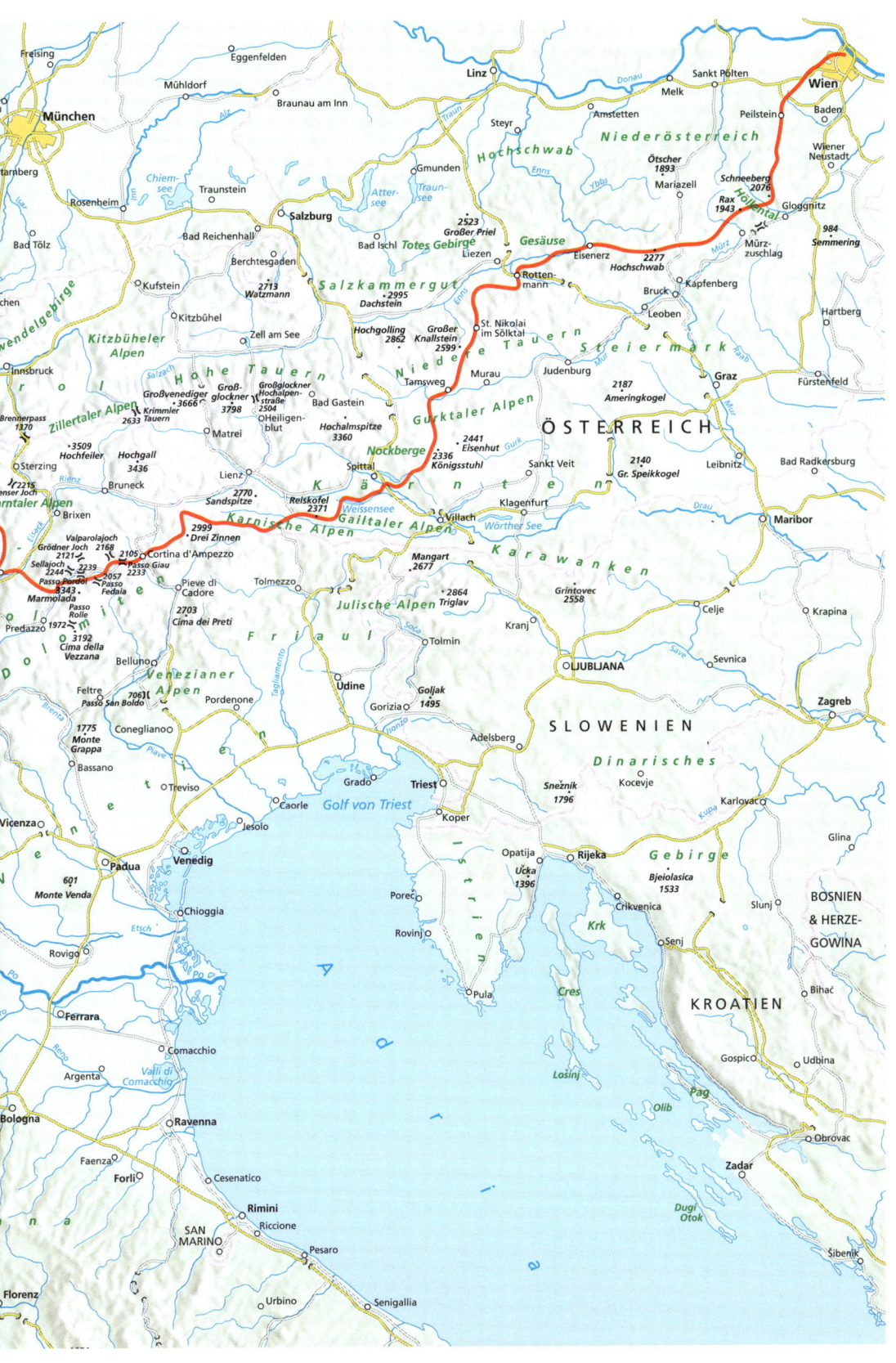

Die Vision

Der Blick in die Ferne
öffnet neue Horizonte

»Wie kommt man eigentlich auf die Idee, zu Fuß über die Alpen von Wien nach Nizza zu wandern?« Dies ist eine der Standardfragen, die mir regelmäßig gestellt werden. Die Antwort ist für mich einfach: »Indem man seine Träume lebt.«

Die Idee, über den gesamten Alpenbogen zu wandern, wurde an einem sonnigen, warmen Septembertag geboren. Ich saß oben auf dem Gipfel des Schneebergs südlich von Wien und blickte in die Ferne. Die Luft war klar, die Fernsicht fantastisch. Im Gegenlicht der untergehenden Sonne im Westen sah ich die Silhouetten der immer höher und weiter werdenden Gebirgsketten der Alpen, wie sie sich der Reihe nach auffalten. Die Bergwelt, die nun ruhig und blau in der Abenddämmerung vor mir lag, weckte eine tiefe Sehnsucht in mir. Ich fragte mich, was wäre, wenn ich einfach aufbrechen würde. Von hier, wo die Berge sich erheben, bis dorthin, wo sie irgendwo im Meer versinken. Was läge näher für mich, als das »Gebirge Alpen«, in dem ich seit meiner Kindheit unterwegs bin, einmal in seiner ganzen Länge zu erkunden? Wie weit wäre das? Was wäre die größte Herausforderung? Könnte ich die gesamte Strecke am Stück zu Fuß gehen? Welche Landschaften würde ich durchwandern, und welche Menschen würden mir begegnen? Wie würde es sein, wenn das Ziel mal kein Gipfel, sondern das Meer ist?

Beim Abstieg ins Tal beschäftigte mich das Thema an diesem Tag noch immer, und ich erinnerte mich an einen Diavortrag, den ich vor vielen Jahren im Rahmen meiner Bergführerausbildung gesehen hatte und der mich nachhaltig beeindruckt hatte: Die steirischen Bergsteiger Hansjörg Farbmacher, Klaus Hoi, Robert Kittl und Hans Mariacher starteten mit Skiern am 20. März 1971 am Fuße der Raxalpe und erreichten nach nur 42 Tagen das Ende der Alpen bei Nizza.

Dieser Nachmittag am Schneeberg liegt nun schon einige Jahre zurück. Aber die Idee der Alpenlängsüberschreitung ließ mich seither nicht mehr los. Im Laufe der Jahre war sie mir zu einer Vision geworden, die unbedingt gelebt werden wollte.

Blick vom Schneeberg gen Westen. Am Horizont die Gipfel der Gesäuseberge und das Dachsteinmassiv (S. 8/9). Unser erster 2000er auf unserem Weg von Wien nach Nizza: Der 2076 Meter hohe Schneeberg (Flugaufnahme).

Einen weiteren Anstoß, meinen Traum zu verwirklichen, gab mir das Buch *Alpenspaziergang* des Ehepaars Fritzi und Karl (Charly) Lukan. Darin erzählen die beiden von ihrer Fußreise über die Alpen. Die beiden Wiener waren 1984 anlässlich Charlys Pensionierung fünf Monate lang über den gesamten Alpenbogen gewandert, von Wien bis nach Nizza. Ich klappte das Buch zu und wusste: Genau das mache ich jetzt auch.

Ich weihe Anita in meine Pläne ein. Nach anfänglichem Zögern ist sie bald begeistert und will mich begleiten. Alles, was wir jetzt noch brauchen, ist der Mut, den Alltag zu durchbrechen für einen Sommer ohne Termine und ohne Verpflichtungen. Als selbstständiger Bergführer, Vortragsreferent und Fotograf ist es für mich relativ unkompliziert, mir den Sommer frei zu halten – ich nehme einfach keine Aufträge an. Für Anita, die als Krankenpflegerin arbeitet, ist es etwas schwieriger, aber auch sie findet eine Lösung. Sie kann sich ein Jahr lang unbezahlten Urlaub nehmen. Die Formalitäten sind erledigt, die Reise wird konkret.

Viel planen müssen wir für diese Reise nicht. Schließlich fliegen wir nicht mit viel Aufwand in irgendein exotisches Land zum Expeditionsbergsteigen, sondern starten direkt vor unserer Haustür zu einer Fußreise. Es ist auch kein gänzlich unbekanntes Terrain, in dem wir uns bewegen werden, denn viele Gebiete der Alpen sind uns aus vorherigen Reisen bekannt. Nur den Startpunkt, Wien, und unser Ziel, Nizza, definieren wir klar. Den Weg dazwischen wollen wir im Gehen entstehen lassen. »Und es kommt sowieso ganz anders als geplant«, geben uns die Lukans als persönlichen Tipp mit auf die Reise. Dennoch verbringe ich Tage und Nächte auf dem Wohnzimmerboden inmitten ausgebreiteter Karten und versuche, mir einen Überblick zu verschaffen. Die direkte Luftlinie zwischen Wien und Nizza beträgt keine 900 Kilometer. Würde man über den Alpenbogen von Wien nach Nizza fliegen, käme man auf eine Strecke von ungefähr 1200 Kilometer. Zu Fuß wird es natürlich viel, viel weiter sein. Wie weit, wissen wir jetzt noch nicht.

Bad Fischau, Februar 2011. Draußen rieselt ein bisschen Schnee aus dem typisch grauen Winterhimmel. In meinem Ofen brennt ein gemütliches Feuer, auf dem Parkettboden davor steht aufgebaut ein gelbes Zelt. Wir kriechen hinein, beäugen argwöhnisch die Nähte, testen die Reißverschlüsse, flicken zwei kleine Löcher im Boden. Das Zelt lag lange Zeit im Keller, nun geht es wieder auf Reisen. Während der Wanderung wird es unser mobiles Heim sein. Wir nehmen eine möglichst leichte Campingausrüstung mit, um flexibel und frei zu sein. So sparen wir uns aufwendige Hütten- und Hotel-reservierungen und können unsere Route jederzeit spontan ändern. Die Hütten wollen wir vor allem nutzen, um die Hauptmahlzeiten dort einzunehmen, als Versorgungsposten sozusagen.

Unser Zelt ist sehr klein, zwei Isomatten passen hinein, mehr nicht, aber dafür wiegt es nur ein gutes Kilogramm. Und auch was das Gewicht des Rucksackes betrifft, schauen wir ganz genau hin. Denn wenn der zu schwer ist, macht das Ganze keinen Spaß. Unsere Schlafsäcke sind »premium ultralight«, die Regenjacken laut Hersteller »... so leicht, dass Sie das Gewicht nicht spüren«, und die Isomatte »passt in jeden Rucksack«.

Ob das alles so stimmt, werden wir spätestens beim ersten Anstieg spüren. Fest steht: Am einfachsten sparen wir Gewicht durch konsequentes Weglassen. Dabei hilft uns unsere jahrelange Bergerfahrung, um uns nicht in Banalitäten wie dem Absägen des Zahnbürstenstiels zu verlieren. Vielmehr konzentrieren wir uns darauf, wirklich nur die Dinge mitzunehmen, die für das Gelingen der Wanderung unverzichtbar sind. Mein Trick, den ich auch immer wieder gerne als Bergführer an meine Gäste weitergebe: »Ihr kommt von einer langen Wanderung zurück. Leert im Wohnzimmer den gesamten Inhalt eures Rucksackes aus – auch den Kleinkram aus den Deckeltaschen. Jetzt legt zwei Haufen an: rechts die Gegenstände, die ihr in den vergangenen Tagen benutzt habt, links das Ungenutzte. Nur Erste-Hilfe-Päckchen, Wetterschutzkleidung und Biwaksack wandern in jedem Fall auch auf die rechte Seite. Notiert das Ergebnis! Lasst bei der nächsten Reise den linken Stapel daheim. So könnte es funktionieren.«

Ende März sind wir schon in Aufbruchstimmung und können es kaum erwarten. Wir wollen mal schauen, ob sich der Winter in den Bergen schon verabschiedet hat. Spontan brechen wir zu einer Erkundungswanderung zum Schneeberg auf. Dabei stellen wir fest, dass erfreulich wenig Schnee liegt. Die Skitourengeher werden unsere Freude zwar nicht teilen, für unser Vorhaben ist es jedoch ideal und lässt einen baldigen Start Richtung Nizza zu.
Doch was ist bloß das? Beim Abstieg vom Schneeberg stoße ich mit den Zehen innen bei jedem Schritt an die Schuhspitzen. Und das tut richtig weh. Die überraschende Diagnose: Anscheinend werden die Füße mit zunehmendem Alter breiter und damit auch länger. Schuhgröße 43 war einmal, ab sofort lebe ich somit auf größerem Fuß. Einlaufen werde ich die neuen Schuhe dann auf dem Weg nach Nizza. ✣

Die Raxalpe im Osten Österreichs
mit dem Karl Ludwig Haus

Auf bekannten Wegen

Duftender Bärlauch und
Frühlingserwachen im Wienerwald

Der Rucksack ist gepackt, die Schuhe sind noch nicht eingelaufen. Der Wetterbericht verspricht Gutes. Im Wienerwald sprießt das Grün an den Bäumen. Fast täglich fragen uns Freunde und Bekannte, wann es losgeht. Einige glauben uns schon unterwegs. Höchste Zeit also zu starten.

Der 10. April 2011 ist ein Frühlingstag wie aus dem Bilderbuch. Weich fällt das Licht der Morgensonne durch die noch blattlosen Zweige der Akazie in meinen Garten. Ein milder Wind streichelt uns, während wir mit einem Kaffee auf den Treppenstufen vor dem Haus sitzen. »Wie hoch das Gras wohl steht, wenn wir von unserer Reise zurückkehren?«, frage ich mich.

Kurze Zeit später stehen wir mit geschulterten Rucksäcken vorm Haus und spüren zum ersten Mal das Gewicht unseres Gepäcks auf unseren Rücken. Uff! Dabei haben wir doch so gut wie nichts dabei. Nachdenklich verschließe ich die Tür, bei dieser Reise weiß ich ja wirklich nicht, wie lange ich fort sein werde.

Die ersten Schritte führen uns zum Bahnhof. Wir fahren mit dem Zug nach Kahlenbergerdorf, einem kleinen Ort nördlich von Wien, direkt an der Donau. Hier soll unsere Wanderung beginnen. Familienangehörige, Freunde und Bekannte erwarten uns schon und begrüßen uns mit großem Hallo. Sie sind gekommen, um uns am ersten Tag zu begleiten. Alle plappern aufgeregt durcheinander, lachen und scherzen. Helga vom Österreichischen Touristenclub (ÖTK) lässt es sich nicht nehmen, uns zur Starthilfe mit Gugelhupf und Rotwein zu verwöhnen. Wir sind unendlich dankbar für die heitere Stimmung, denn sie lenkt uns ein bisschen ab von dem leicht mulmigen Gefühl in der Magengegend, das sich wohl immer zu Beginn einer unbekannten Reise einstellt. »Wisst ihr eigentlich, wie hoch wir hier sind?«, kommt dann die Frage aus der Menge. »Keine Ahnung«, gestehe ich, »vielleicht 100 Meter?« »Das Kahlenbergerdorf liegt auf 160 Meter«, werde ich aufgeklärt. »Nizza, am Mittelmeer, liegt natürlich auf null Metern Meereshöhe. Also, ihr

---

Einstimmung in der Hügellandschaft Niederösterreichs (S. 16/17).
Ein letzter Blick auf die Donau und Wien (oben). Endlich sind wir unterwegs. Milde Frühlingsluft begleitet unsere ersten Schritte im Osten Österreichs (unten).

zwei, bis Nizza geht es hauptsächlich bergab. Wird schon nicht so schlimm werden!«

Die Stimmung ist auf ihrem Höhepunkt, während wir steil zum Leopoldsberg aufsteigen. Diese 200 Höhenmeter gehören zu den ersten Auffaltungen der Alpen im Osten. Endlich sind wir unterwegs. Nach der langen Zeit der Planung und Vorbereitung tut es gut, nun die ersten Schritte unseres Weges zurückzulegen. Ein letztes Mal blicken wir von hier oben über die dunstige Silhouette Wiens, dann kehren wir der Stadt den Rücken zu und verschwinden im Wienerwald. Überall sprießen hier schon hellgrün die Blätter an den Zweigen. Der Waldboden ist dicht mit Bärlauch bewachsen. Das riecht! Das duftet! Das macht Appetit! Also kehren wir gleich in das erstbeste Gasthaus ein und gönnen uns ein ordentliches Wiener Schnitzel. Wer weiß, wann wir wieder einmal etwas »Richtiges« zu essen bekommen. Nach dem Essen verabschieden wir uns von unseren lieben Begleitern, ab jetzt sind wir auf uns gestellt.

Wir gehen und gehen und gehen. Nicht einmal die Dämmerung kann uns bremsen. Erst kurz bevor es dunkel wird, kommen wir zur Besinnung. »Sollten wir nicht langsam mal einen Schlafplatz finden?« Anita hat recht. Was wir hier machen, ist ja absoluter Unfug. Gleich an unserem ersten Tag marschieren wir fast zehn Stunden lang. Dabei hat sich weder unser Rücken an das Tragen von schwerem Gepäck gewöhnt noch unsere Beine an stundenlanges Wandern. Für heute sollten wir es wirklich gut sein lassen. Wir suchen einen Platz im Wald, wo wir das Zelt aufbauen können. »Nein, hier nicht. Hier ist ja alles voller Wurzeln. Geht's da drüben in der Lichtung?« »Na ja, würde schon gehen, ist nur ein bisschen matschig hier. Lass uns noch woanders suchen.« So debattieren und suchen wir noch einige Zeit. Völlig entnervt und erschöpft bauen wir endlich eine Stunde später das Zelt einfach irgendwo zwischen den Bäumen auf. Zum Glück kennen wir das Zelt gut, unsere Handgriffe sitzen auch im Dunkeln. Zeltstangen auseinanderfalten, in die Plane einfädeln, alles unter Spannung aufstellen und das Ganze mit ein paar Heringen fixieren.

An die eingeschränkte Bewegungsfreiheit im Minizelt müssen wir uns wohl erst gewöhnen. Noch hieven wir uns mit steifen Gelenken ziemlich umständlich über unsere im winzigen Vorzelt lagernden Rucksäcke und Wanderschuhe durch die niedrige Eingangsluke hinein. Erst jetzt, wo wir ausgestreckt in unseren Schlafsäcken liegen, merken wir, was wir unseren Körpern heute abverlangt haben. Das Kreuz tut weh, die Knie schmerzen, die Schultern sind total verspannt. Und obwohl wir hundemüde sind, kommen wir nicht zur Ruhe. Immer wieder rollen wir von unseren Isomatten, denn das Zelt steht komplett schief. Als nachts dann auch noch heftige Windböen die Bäume über uns bedrohlich knarren und knacken lassen, gebe ich endgültig das Schlafen auf und liege wach, bis erste Vogelstimmen den Morgen begrüßen.

Nach dieser Nacht krabbeln wir völlig gerädert aus dem Zelt, werfen den Gaskocher an und lechzen dem Morgenkaffee entgegen. Die Wartezeit wird zur Krisensitzung. Wir beschließen, ab sofort vernünftige Gehzeiten pro Tag einzuhalten, und: Zeltplatzsuche immer bei Tageslicht! Schließlich wollen wir nicht schon nach ein paar Tagen erschöpft wieder nach Hause kommen. Das wäre ja wirklich peinlich.

Am Peilstein verschiebt sich scheinbar die Geografie. Wir passieren das Matterhorn, und keine zehn Minuten später stehen wir am Fuß der Drei Zinnen. Wir sind jedoch nicht mit einer Zeitmaschine mal eben von der Schweiz nach Italien gedüst, sondern befinden uns nach wie vor in Niederösterreich. Die Namensgebung der Felsformationen geht auf die Zeit vor dem Ersten Weltkrieg und auf die Jahre zwischen den Kriegen zurück. Damals hatten die Wiener und ostösterreichischen Bergsteiger und Kletterer einfach nicht genug Geld und keine Möglichkeiten, um zu den Bergen ihrer Sehnsucht ins Wallis oder nach Südtirol zu reisen. Zu Fuß, bestenfalls mit dem Fahrrad, erreichten sie von Wien aus nur die Felsen ihres Peilsteins. Die weißen, steilen Kalkfelsen sollten aber wenigsten die Namen ihrer Traumberge tragen.

Auf dem bewaldeten Gipfelplateau des Peilsteins, beim hölzernen Gipfelkreuz, stemmen wir uns gegen einen heftigen kalten Nordwestwind. Fast senkrecht fällt unser Blick hier gut 100 Meter in die Tiefe. Von unten her hallen die Seilkommandos der Kletterer zu uns hinauf. »Stand!« »Seil ein!« »Nachkommen!« Doch die freudige Unruhe, dieses Kribbeln in den Fingerspitzen, das sich bei mir sonst immer in der Nähe von Kletterfelsen einstellt, bleibt heute aus. Ich beneide sie nicht, die dort unten, im eisigen Wind, im Seil hängen.

Die Peilsteinfelsen kenne ich wie meine eigene Westentasche. In jugendlichen Jahren habe ich hier als Kletterschüler meine ersten Erfahrungen mit »Seil und Haken« gemacht, und später, als Bergführer, habe ich hier an unzähligen Wochenenden Kletterkurse geleitet.

Fast genauso lange kenne ich auch den mächtigen, bärtigen Hüttenwirt Peter. Als uns der Wind zu ihm in die Hütte bläst, fühle ich mich sofort zu Hause. Karin, seine Frau, wundert sich über unsere großen Rucksäcke: »Seit wann schleppt ihr so viel Zeug zum Klettern mit?« »Nein, wir gehen nur nach Nizza.« Ganz ernst scheint sie uns nicht zu nehmen. »Na, dann esst erst mal ordentlich was.« Vor uns auf dem Teller dampfen Rahmfisolen, Geselchtes, Linsen und Semmelknödel. Und obwohl die Portionen mehr als reichlich sind, ist noch Platz im Magen für Topfenstrudel mit Vanillesoße. Müde und zufrieden breiten wir uns danach im Matratzenlager aus.

Nach zwei Tagen haben wir den Wienerwald schon fast durchwandert. Es ist eine ruhige Gegend hier, ganz alleine spazieren wir durch die für den Osten Österreichs typischen dichten Föhrenwälder. Tiefe, pfeilförmige Einkerbungen an den Stämmen einiger Bäume sind stumme Zeugen des inzwischen aufgegebenen Handwerkes der Harzgewinnung. Vor allem im 19. Jahrhundert wurde Baumharz als Rohstoff zur Herstellung von Pech und Teer verwendet. Nur das weiterhin zäh tropfende Baumharz erinnert uns in heutiger Zeit noch an die Arbeit der Harzer oder Pecher. Bei genauem Hinsehen fällt uns außerdem auf, dass die Bäume in dieser Gegend häufig noch eine andere Markierung tragen. Hat hier etwa ein Graffitikünstler seine Signatur auf Baumrinde gekritzelt? In weißer Keilschrift steht da »KYSELAK« am Stamm. Ein Stückchen weiter finden wir den gleichen Schriftzug wieder. Diesmal ziert er in schwarzer Farbe die hölzerne Rücklehne einer Sitzbank.

Dahinter steckt tatsächlich eine fast 200-jährige Geschichte. Josef Kyselak wanderte im Sommer 1825 im Alter von 26 Jahren mehrere Monate lang durch Österreich. Dabei pinselte er überall im damaligen Kaiserreich seinen Namen auf Hausfassaden oder Felswände, vor allem in landschaftlich besonders reizvollen Gegenden. Deshalb wurde er damals höchstpersönlich vom Kaiser Franz I. nach Wien zitiert, der ihm gebot, mit den Kritzeleien aufzuhören. Kyselak gelobte Besserung. Doch als Kyselak den Raum des Kaisers verließ, so die Legende, war auf der Tischkante des Kaisers »Kyselak« zu lesen.

Ob seine Malereien Folge einer verlorenen Wette waren oder nur dazu dienten, einen gewissen Bekanntheitsgrad zu erlangen, ist unklar. Kyselak selbst erwähnte es nicht einmal in seinem nach der Reise erschienenen Buch Skizzen einer Reise durch Österreich.

Vom Höhenrücken der Dürren Wand schauen wir auf den in Wolken gehüllten Schneeberg.

Die zahlreichen Kyselak-Inschriften sind jedoch neueren Datums und stammen vermutlich von einem modernen Fan Kyselaks. Wir freuen uns trotzdem über diese »Schmierereien«, erinnern sie uns doch an einen Seelenverwandten, dem es schon vor fast 200 Jahren zu eng in den eigenen vier Wänden geworden war.

In Waidmannsfeld kenne ich ein gutes Gasthaus. Vor 35 Jahren habe ich hier zusammen mit meinem Vater nach einer gemeinsamen Wandertour übernachtet. Zielsicher finde ich das zweistöckige Gebäude im Ortskern sofort wieder. Noch immer schmückt der schräg stehende Schriftzug »Gasthof Wagner Pension« die gelb getünchte Fassade. Kindheitserinnerungen werden wach: schaler Biergeruch in der Gaststube, dunkle, knarrende Holzdielen im Gang zum Zimmer, die burschikose Wirtin mit ihren roten, abgearbeiteten Händen. Gespannt trete ich vor die Eingangstür. Sie ist verschlossen. Alles finster. Nichts deutet darauf hin, dass hier noch Gasthausbetrieb herrscht. Ich bin offensichtlich ein paar Jahre zu spät wiedergekommen.

Ein in der Nachbarschaft im Garten werkelndes Rentnerehepaar klärt uns schließlich auf. »Hier gibt es schon lange kein Wirtshaus mehr«, sagt der Mann, zieht seine dunkelgrünen Gartenhandschuhe aus und bietet an, uns in den nächsten Ort zu einem geöffneten Gasthof zu fahren. Seine Frau protestiert: »Wozu denn dieser Umstand. Ich habe doch noch Szegediner Gulasch im Tiefkühlschrank. Sie sind herzlich eingeladen, zum Essen zu bleiben.« Dankend lehnen wir die spontane Hilfsbereitschaft ab, bitten nur darum, die Wasserflaschen auffüllen zu dürfen, und stellen uns auf eine Zeltnacht im Wald mit Fertignudeln ein. »Schauen wir jetzt schon so verwildert, müde und verhungert aus, dass fremde Menschen ihren Kühlschrank für uns öffnen?«, frage ich Anita. »Na, so schlimm kann es nicht sein. Sonst hätten sie uns wohl nicht eingeladen.«

In der einsetzenden Dämmerung verlieren wir den markierten Weg. Querfeldein schlagen wir uns durch, klettern über Zäune, stapfen durch matschige Weiden. Wie Kugelfische aufgeplusterte Schafe unterbrechen ihr Grasen, um uns neugierig zu beäugen. Plötzlich entdecke ich eine vielversprechende Tafel an einem verfallenen Haus: »Paris 1246 km«. Super! Es ist zwar fast schon dunkel, und wir haben noch keinen Schlafplatz, aber immerhin sind wir auf dem richtigen Weg Richtung Frankreich. Wir müssen nur aufpassen, dass wir rechtzeitig vor Paris die Kurve links hinunter in den Süden nehmen.

Ein weiteres Schild kündigt dann unverhofft den »Milchwirt« an, in nur 300 Metern. Erleichtert, heute nicht mehr bis Frankreich gehen zu müssen, steuern wir auf das Waldgasthaus zu. Ein wahres kulinarisches Paradies erwartet uns. Da bleibt die Nudelpackung natürlich bis auf Weiteres als Notproviant im Rucksack. Die Wirtsleute erlauben uns nach dem Essen dann auch, in ihrem Garten zwischen zwei Nussbäumen zu zelten. ❀

Auch Kaltfronten
haben ihre Reize

Vom Wiener Hausberg bis ins Gesäuse

Aus Hügeln werden langsam Berge. Die ersten Zweitausender der Alpen bieten uns das komplette alpine Programm: Schneestürme, Gewitterfronten, Erdrutsche. Aufnahmeprüfung für Alpenüberquerer? Wir bestehen.

Über das sanfte Almgebiet der Mamauwiese wandern wir dem Schneeberg, dem ersten Zweitausender-Gipfel der Alpen, entgegen. Auf dem uns bekannten Fadensteig geht es bergwärts. Steil führen die Serpentinen zwischen den schroffen Felsen hindurch. Ein stürmischer, eiskalter Wind weht uns um die Ohren, typisch für den Schneeberg. Durch seine ausgesetzte Lage gilt er als regelrechter Schlechtwettermagnet. Faszinierend sind jedoch die Spuren, die die Wetterstürze hier oben in der Landschaft hinterlassen. Ab der Baumgrenze betreten wir eine wahre Eiskristallzauberwelt. Unsere Begeisterung wird jedoch ein bisschen gebremst von der Sorge, ob denn die Fischerhütte oben am Gipfel schon geöffnet hat. Wir haben uns gar nicht darum gekümmert, sind einfach losmarschiert. Ist sie noch geschlossen, müssen wir mit unseren dünnen Schlafsäcken im kalten Winterraum übernachten. Aber wir haben Glück. Ein Wochenende zuvor hat die Hütte in der beginnenden Saison geöffnet.

Überschwänglich begrüßt uns Emi, der Hüttenhund. Wir sind die ersten Gäste dieser Saison. Und heute auch die einzigen. Kathrin und Michael, die jungen Wirtsleute, freuen sich über ein wenig Gesellschaft. Als Bergretter hat Michael abendfüllenden Gesprächsstoff über haarsträubende Rettungsaktionen von Halbschuhtouristen auf Lager. Unterschätzen darf man ihn nämlich nicht, den Hausberg der Wiener.

Und das merken wir sofort am nächsten Morgen. Vor der Hütte herrscht der tiefste Winter. Schneesturm fegt um die Hütte. Die Sicht ist gleich null. Der Schneeberg macht seinem Namen alle Ehre. Wir tasten uns von einer Markierungsstange zur nächsten, vermummt wie bei einer Sechstausender-Expedition. Trotz höchster Konzentration verlieren wir kurze Zeit später den vom Schnee verwehten Weg und finden uns in einem steilen Graben wieder, der

---

Eisige Temperaturen herrschen vor der Fischerhütte am Gipfel des Schneebergs (S. 26/27). Kalter Wind begleitet uns auf dem Weg zur Fischerhütte auf 2049 Metern Höhe.

Die idyllisch gelegenen Hütten der Veitschalm sind jetzt im Frühsommer noch unbewohnt (oben). Klein fühlen wir uns unter den mächtigen Buchen des Höllentals (unten).

im »Latschengemüse« endet. »Dafür bin ich mit einem Bergführer unterwegs?«, stichelt Anita. Zum Glück finde ich den richtigen Weg rasch wieder, und meine Bergsteigerehre ist gerettet.

500 Höhenmeter tiefer endet das Winterspektakel dann endgültig, und wir betreten das Höllental. Dichter Wald empfängt uns. Das Wurzelwerk von Baumriesen schlängelt sich über felsigen Untergrund, es riecht nach Moos und feuchter Erde. Die Temperaturen sind wieder der Jahreszeit entsprechend frühlingshaft warm. Am Ufer der glasklaren Schwarza legen wir eine wohlverdiente Rast ein. Hier ein ruhiges Plätzchen zu finden ist aber gar nicht so einfach. Denn gut ausgebaut schmiegt sich das Band der Höllentalbundesstraße eng an den Verlauf der Schwarza – ein Eldorado für Motorradfahrer.

Kaum zu glauben, dass dieses Tal noch vor 200 Jahren völlig unerschlossen und unzugänglich war. Die Geschichte von Georg Hubmer – dem »Raxkönig« – hängt untrennbar mit der Erschließung des Höllentals zusammen.

Georg Hubmer wurde 1755 in Gosau am Dachstein geboren, und Holz bestimmte sein Leben. Ohne Schulabschluss arbeiteten er und sein Bruder als Holzknechte im Erzberggebiet. 1782 wurden die Hubmer-Brüder und weitere Holzarbeiter ins Gebiet der Rax geholt, um dort Holz zu schlagen, obwohl es bis zu diesem Zeitpunkt noch als unmöglich galt, das Holz aus dem Höllental herauszubringen. »Um das handelt sich's ja! Ums Wegbringen! Ja, schlagen und schlichten, das bringt jeder Tepp zuwege! Jetzt liegen viertausend Klafter Holz in dem Urwald, und kein Mensch schafft's her« … »Die Naß ist kein Fluß zum Schwemmen und auch die Schwarza nit! Durchs Höllental ist es unmöglich, auch nur ein Scheitel zu bringen«, schrieb Ottokar Janetschek in seinem Heimatroman *Der Raxkönig*.

Georg Hubmer konnte weder lesen noch schreiben, er galt jedoch als erfahrener Schwemmer und löste diese Herkules-Aufgabe: Ihm gelang als Erstem, Holz über die Schwarza durch das Höllental bis nach Wien zu transportieren. Der Selfmademan arbeitete sich schließlich mit Willenskraft und Ausdauer vom einfachen Holzknecht zum kaiserlichen Holzmeister hinauf. Am Ende waren bis zu 500 Waldarbeiter für ihn tätig. Er gründete die Gemeinde Nasswald, baute eine Schule und eine evangelische Kirche – inmitten des katholischen Umlandes. Georg Hubmer verstarb am 20. März 1833 und wurde als Erster in dem von ihm errichteten Friedhof in Nasswald begraben.

Nach der winterlichen Hochschwab-
Überschreitung lockt der Sackwiesensee
glitzernd zum Bad. Beherzt springt
Anita hinein.

Das muntere Plätschern der Gebirgsbäche begleitet unsere Schritte (oben).
Als wir die Voisthaler Hütte im Hochschwabgebirge erreichen, geht es los
mit den ersten Gewittern der Saison (unten).

Der steile und lange Aufstieg über den Rudolfsteig auf die Rax wird durch Tierbegegnungen belohnt: Gämsen, ein Turmfalke, Bergsalamander, eine Ringelnatter, Schnecken, leider auch Zecken. Oben angekommen, lassen wir uns vor dem Habsburghaus selig auf die Holzbank fallen. »Freiheit für die Füße«, jubilieren wir, und in Sekundenschnelle fliegen Schuhe und Socken über die Terrasse. Barfuß streifen wir nun ein wenig umher. Das kühle Gras erfrischt die müden Beine. Die Sonne wärmt wohltuend den schmerzenden Rücken. Ein Genuss! Und diesen teile ich mit einer am Wegesrand sonnenbadenden Kreuzotter. Eine Kreuzotter!? Im Nu bin ich wieder auf der Terrasse und schnüre meine Schuhe zu. Umherstreifen lasse ich nur noch meinen Blick. Der bleibt an einem Paar weißbrauner, pelziger Ohren hängen, die plötzlich hinter einem Stein hervorschauen. Tatsächlich: ein Fuchs. Meister Reineke traut sich sogar ganz heraus aus seinem Versteck und setzt sich wenige Meter vor mir in die Wiese. »Anita! Schau, eine Sensation!«, flüstere ich. »Schnell, meine Kamera!« Vorsichtig pirsche ich mich dem Objekt meiner Fotobegierde entgegen und knipse wie ein Verrückter. Klack, klack, klack … die Kamera läuft auf Hochtouren. Bis ich hinter mir die gelangweilte Stimme des Hüttenwirtes vernehme. »Nur keine Aufregung«, sagt er lapidar. »Das ist unser Hausfuchs. Der kommt jeden Tag.« Das merken wir dann auch sogleich. Mit flinken Bewegungen springt er auf den Tisch und durchschnüffelt unsere Jausensackerl. Nur widerwillig lässt sich dieser »Frechfuchs« schließlich vertreiben.

Abends heizt der Hüttenwirt extra für uns den Ofen in der Stube ein. Wieder sind wir die einzigen Gäste. Nach dem vorzüglichen Abendessen macht uns der Wirt ein wunderbares Angebot: »Jetzt haben wir es hier so schön warm. Wäre ja schade drum. Warum holt ihr euch nicht zwei Matratzen in die Stube und schlaft hier?« Wir sind natürlich sofort dabei, denn der eisige Hauch, der uns aus dem Schlaflager entgegenweht, ist wirklich nicht besonders einladend. Unter Tischen zwischen Stuhlbeinen schlafen wir hervorragend und kuschelig warm. Auch der Morgen belohnt uns mit einem warmen Morgenlicht, das auf die Berge fällt und unseren Weg gen Westen weist: Schneealpe, Veitsch und am Horizont der Hochschwab. Vier Tage später möchten wir diesen erreichen.

Bei echtem Kaiserwetter steigen wir den Kaisersteig hinunter und über den Nasskamm auf die Schneealpe hinauf. Während wir im Schneealpenhaus heiße Erbsensuppe schlürfen, blicken wir nachdenklich durchs Fenster zurück auf den Schneeberg. Als wir vor acht Tagen Wien verlassen haben, schien uns dieses erste große Ziel noch weit entfernt. Jetzt, nur eine Woche später, liegt es bereits hinter uns. Wir merken: Wir kommen gut voran. Zwar langsam, aber immerhin. Darauf wollen wir auch in den nächsten Wochen und Monaten vertrauen. Dabei nehmen wir uns vor, immer nur das Tagesziel vor Augen zu behalten, nicht das Endziel. Denn Nizza ist zum jetzigen Zeitpunkt noch unüberschaubar weit entfernt.

Durch Heidelbeerwälder führt unser Weg zur idyllisch gelegenen Veitschalm. Die Hütten sind im Winterschlaf und unbewohnt, Vieh und Hirten derzeit noch im Tal. Heute Nacht wohnen wir hier und breiten uns so richtig aus. Bald schon hängen lüftungsbedürftige Wandersocken überm Zaun. Der kalte Brunnen vor der Hütte wird zur Badewanne, wenn auch nur nach den Fitnessregeln des Pfarrers Kneipp. Eine sternklare, mondhelle Zeltnacht lässt uns in tiefen und erholsamen Schlaf sinken, bis uns noch vor Sonnenaufgang ein Birkhuhn mit eindringlichen Balzrufen aus dem Schlaf reißt. Wir beschließen, die kühle, aber stimmungsvolle Morgendämmerung zu genießen, schälen uns aus dem wohlig warmen Schlafsack und bereiten einen dampfenden Kaffee zu.

Die Südwände des Hochschwab glühen förmlich im Licht der Sonne. Beim Anblick der steilen Felsen erinnere ich mich an die schönen Klettertage, die ich hier verbrachte. Durch das weite, breite Seetal wandern wir in das Hochschwabmassiv hinein. Am späten Nachmittag erreichen wir die Voistaler Hütte. Kaum sind wir drinnen, geht es draußen los mit dem ersten Gewitter der Saison. Für uns bedeutet das, dass wir die nächsten Tage und Wochen immer sehr früh aufbrechen müssen, um möglichst nicht unterwegs von einem Gewitter überrascht zu werden.

Den Hochschwab möchten wir eigentlich überschreiten. Aber spielt das Wetter mit? Eine Kaltfront kündigt sich für den nächsten Tag an. Bergführerkollege und Hüttenwirt Hans ermutigt uns. »Bis mittags solltet ihr den Gipfel überschritten haben. Brecht früh auf, dann passt's.« Wir wagen es also. Zeitig am Morgen sind wir schon unterwegs. Das Thermometer neben der Hüttentür zeigt vier Grad, immerhin plus. Aber je höher wir kommen, umso winterlicher wird es. Die Schneefelder werden immer tiefer, bis über die Knie versinkend, stapfen wir unsere Spur. Im Gesicht spüren wir schon die anrückende Kaltfront. Wind kommt auf. Die Sicht verschlechtert sich zusehends. Jetzt wird's ernst, und wir beschließen, Höhenmeter und Zeit zu sparen, und den Gipfel einfach links liegen zu lassen. Rasch queren wir unterhalb des Gipfels einige Schneefelder und steigen ab. 1000 Höhenmeter tiefer, bei der Sonnschienalm, herrschen wieder frühlingshafte Temperaturen.

Was für ein Kontrast nur knapp zwei Stunden später: Der Sackwiesensee glitzert und lockt zum Bad. Beherzt springt Anita hinein. Ich verzichte, denn zehn Grad kaltes Wasser ist nicht mein Element. Maximal bis zu den Knöcheln im Wasser genieße, ich die warmen Strahlen der Sonne am Rücken. Dass Wassernixen den Geist verwirren können, ist bekannt. Bei mir zeigt sich das sofort: Ich vergesse, die Wasserflaschen aufzufüllen. Den Fehler bemerken wir allerdings erst an unserem nächsten Zeltplatz. Denn hier ist weit und breit kein Wasser zu finden. Gemeinsam müssen wir diesen Abend mit einem Dreiviertel Liter auskommen. Ein halber Liter wird zur Suppe, ein Viertel zu Tee – für uns beide!

Beim steirischen Ort Eisenerz erwischt uns der erste Gewitterregen. Nach 14 Tagen werden wir das erste Mal gründlich nass. »In Österreichs Alpen zwei Wochen unterwegs zu sein, ohne nass zu werden, ist ein guter Schnitt, oder?«, stellt Anita optimistisch fest. Wir freuen uns auf schönes Wetter, ja, wir hoffen sogar auf einen Jahrhundertsommer. Und tatsächlich wurde es ein Jahrhundertsommer – aber leider was die Regentage betrifft. Aber das wussten wir zu diesem Zeitpunkt zum Glück noch nicht.

Ein gemütlicher Übergang sollte es werden, von Eisenerz nach Radmer über den Radmerhals. Doch der Abstieg durch den Lahngraben entpuppt sich als eine ausgereifte Wildnisexpedition. Laut Karte und GPS muss hier ein Weg sein. Doch weit und breit nur Moränenschutt, Erdrutsche, Felsbrocken und umgestürzte Bäume. Das Durchkommen scheint unmöglich. Wir versuchen es trotzdem. Für schlappe 600 Meter Wegstrecke benötigen wir zwei Stunden. Etwas zerschunden und zerkratzt kommen wir im völlig zerstörten Flussbett am Talgrund an. Die erste rot-weiß-rote Wegmarkierung taucht an einem Baum auf. Darüber ein Schild: »Lahngraben gesperrt!«

In Radmer an der Hasel beziehen wir ein warmes Zimmer, kochen Tee aus selbst gepflückten Bergkräutern: Himmelschlüssel, Himbeerblätter, Wasserminze, Frauenmantel, Waldmeister und Brennnessel. Und der höchste Genuss: eine heiße Badewanne! Danach sinken wir todmüde ins weiche Bett.

Wir erreichen das Gesäuse. Mittendrin liegt das kleine Dörfchen Johnsbach. Nur eine Handvoll Häuser, umgeben von Blumenwiesen in leuchtendem Gelb. Hinter dem Kirchlein, im Schatten alter Tannen, liegt ein winzig kleiner Bergsteigerfriedhof. Hier sind einige

bekannte Bergsteiger begraben, wie man den Grabsteininschriften entnehmen kann. Manche sind in den Felswänden der Gesäuseberge abgestürzt. Eine Gedenktafel erinnert an den Wiener Bergsteiger Fritz Kasparek. Er war einer der Erstdurchsteiger der Eiger-Nordwand in der Schweiz und verunglückte 1954 am Salcantay in Peru.

Kurz vor der Oberst-Klinke-Hütte wandern wir auf gemütlichen Waldwegen. Wir biegen um eine Wegkurve, dort steht ein älterer Herr. Sein Blick durch das Fernglas ist auf den Kaibling geheftet. »Sehen Sie Kletterer dort in der Wand?«, frage ich ihn. »Vierbeinige oder Zweibeinige?«, antwortet er schlagfertig. Wir plaudern ein wenig über Kletterrouten und Wandermöglichkeiten hier in der Gegend. Plötzlich und ohne Umschweife holt er eine kleine Mundharmonika aus der Tasche und beginnt zu spielen. Ein steirisches Gstanzl klingt durch den Wald. Einen Jodler schickt er hinterher. Musik begleitet uns also zu unserem Etappenziel. Abends beim Bier erinnern wir uns noch gerne an diese steirisch originelle Begegnung. ✻

Vermurte Wege zwingen uns im Lahngraben in steiles Gelände (oben).
Bei Eisenerz werden wir zum ersten Mal gründlich nass (unten).

Zeitlos
unterwegs

Schritte auf Urgestein –
über die Niederen Tauern

Dichte, dunkelgrüne Nadelwälder am Fuß steiler, schroffer Felswände, geheimnisvoll in Nebelschleier gehüllt. Hier und da sanftes
Almgebiet und, wie blaue Augen in der Landschaft, die schimmernden Wasseroberflächen kleiner Seen. Wir vergessen die Zeit.

Wenn wir von der Oberst-Klinke-Hütte nach Westen blicken,
sehen wir über dem steirischen Ennstal den mächtigen Berg Grim-
ming und noch weiter westlich das Dachsteingebirge. Hier, am
Westrand des Gesäuses, müssen wir uns das erste Mal großräumig
über die weitere Route entscheiden. Denn ab hier trennt das Flussbett der Enns die Nördlichen Kalkalpen von den Zentralalpen. Über
120 Kilometer erstreckt sich das Ennstal in ost-westlicher Richtung
durch die Steiermark. Bleiben wir nördlich, wird unser Weg über
die ausgedehnten Karstflächen und Hochplateaus des Toten Gebir-
ges und des Dachsteinmassivs führen. Südlich erstreckt sich der
Hauptkamm der Alpen mit den Niederen und Hohen Tauern. Er
ist landschaftlich besonders reizvoll durch ausgedehnte Nadelwälder, lange Täler, weite Hochalmgebiete und zahlreiche Seen, Flüsse
und Gebirgsquellen. Wir entscheiden uns für die südliche Variante.

Bei Trieben überqueren wir die Schnellstraße. Auf der anderen
Seite setzen wir uns auf die Terrasse eines Gasthauses, um unsere
Route detaillierter zu planen. Im Nu verwandelt sich unser Platz
in ein kleines Open-Air-Büro. Das Notebook steht aufgeklappt
vor mir auf dem Tisch, die Alpenübersichtskarte breitet sich fast
über die gesamte Tischplatte aus. Stift, Notizpapier, Taschenkalen-
der und Handy liegen parat, das GPS-Gerät wartet auf Befehle. Mit
einer beherzten Handbewegung schiebt die energische Kellnerin
unsere Karten zur Seite. Zwei große Tassen Cappuccino schweben
an unseren Nasen vorbei und landen sicher auf dem für sie frei-
geschaufelten Plätzchen. Während meine Lippen in Milchschaum
eintauchen, starren die Augen auf den Bildschirm, gleiten die Finger hastig auf der Tastatur hin und her. Ich rufe die digitalen Karten auf, vergrößere die Ausschnitte, die für uns interessant sind.

Morgennebel entsteigt den taufrischen Wiesen im Sölktal (S. 40/41).
Blick nach Westen vom »Stein am Mandl« oberhalb der Rottenmanner Hütte
in die Niederen Tauern.

Das reizvolle Dorf St. Nikolai am Ende des Sölktales (oben).
Über einen steilen Anstieg verlassen wir das sumpfige Terrain in Richtung
Schimpelscharte (unten).

Im Internet recherchiere ich auf den Seiten der Alpenvereine nach den Öffnungszeiten der Hütten und Tourenvorschlägen, lasse mich auf den privaten Homepages diverser Bergfreunde durch Wanderberichte inspirieren, werfe immer wieder einen Blick auf die Übersichtskarte und zähle Tage im Kalender. Alles dreht sich um die zentrale Frage: Welche Hütten haben schon geöffnet, und wie können wir sie erreichen? Richtig übersichtlich will es einfach nicht werden. Es gibt so viele Möglichkeiten, da ist es schwer, eine Entscheidung zu treffen. Mir schwirrt der Kopf: Tauern-Höhenweg, Weitwanderweg 02, E4, Via Alpina, Pilgerweg der Weltreligionen, Wanderwege 940, 902 oder 702. Die Zeit vergeht, und weder räumlich noch gedanklich kommen wir einen Schritt weiter. Inzwischen sind wir schon leicht genervt, gestresst und ungeduldig. Wir fühlen uns so richtig »unrund«.

Da schiebt sich der Kirchturm von Trieben in mein Blickfeld. Zu Reparaturzwecken wurden wohl die Zeiger der Kirchturmuhr entfernt. Das »nackte« Ziffernblatt schaut uns entgegen, die Uhr ist ihrer Bedeutung als Zeitanzeiger beraubt. Ein klares Zeichen! Wir besinnen uns auf eine der Grundideen unserer Wanderung: Wir wollen ja möglichst frei und zeitlos unterwegs sein. Langsam reisen. Der Zeit entrinnen. Wir suchen auf unserer Fußreise durch die Alpen keine sportliche Herausforderung, Zerstreuung oder Ablenkung. Im Gegenteil: Ganz im Hier und Jetzt wollen wir sein. Unsere Umwelt bewusst wahrnehmen. Das Gehen ist für mich die beste Methode, um Landschaften kennenzulernen, aufzunehmen und nicht zuletzt den Menschen darin zu begegnen. Ich habe das langsame Reisen, insbesondere das »Zu-Fuß-Gehen« schon lange zu meiner Reisephilosophie gemacht. Ich bin davon überzeugt, dass das Tempo der eigenen Kraft am ehesten der Aufnahmefähigkeit der menschlichen Seele entspricht. »Die Schildkröte kann mehr von der Straße erzählen als der Hase.« Khalil Gibran, ein libanesisch-amerikanischer Dichter und Philosoph des 20. Jahrhunderts, spricht mir mit diesem einfachen Satz aus dem Herzen.

Fürs Erste begnügen wir uns mit einer groben Tourenplanung durch die Rottenmanner Tauern und Wölzer Tauern in Richtung Planneralm und Sankt Nikolai. Alles andere wird sich zeigen. Endlich stehen wir wieder mit geschulterten Rucksäcken auf dem Weg. Ein Anblick übrigens, der mich immer an das oben zitierte, gepanzerte Reptil erinnert. Im Sinne von »Slow Travel« setzen wir langsam – Schritt für Schritt – unseren Weg fort.

In sumpfigen und einsamen Hochmooren begleitet das Plätschern und Gurgeln
der Bäche jeden unserer Schritte hinauf zur Schimpelscharte.

Der Abstieg von der Schimpelscharte führt durch ein schier endloses Meer
aus Felsblöcken (oben). Die Wegmarkierungen liegen unter der Schneedecke
verborgen (Mitte), doch dank GPS-Gerät finden wir unseren Weg (unten).

Malerisch liegt die Rottenmanner Hütte mitten in einem lichten Tannen- und Lärchenwald. Das Haus sieht relativ neu aus. Auf der Terrasse herrscht wenig Betrieb, nur ein paar Tagesausflügler genießen die Spätnachmittagssonne beim kühlen Bier. Daher haben auch die Wirtsleute Zeit für eine kleine Pause und sitzen, gekleidet in ihren weißen Küchenschürzen, unter den Gästen. Als Erster entdeckt uns ihr schnauzbärtiger Rauhaardackelmischling. Sein Bellen kündigt unser Kommen an. »Servus, was habt ihr denn vor? Wo will denn der große Rucksack mit der kleinen Frau hin?«, fragt der Wirt. Wir drucksen ein wenig herum. Wir können doch nicht erzählen, dass wir nach Nizza wandern. In dieser Phase unserer Reise kommt es uns ja selbst noch verrückt vor.

Doch irgendwann rücken wir natürlich raus mit der Sprache. Die Wirtsleute sind begeistert und unterstützen uns in unserem Vorhaben, indem sie uns die XL-Variante von Schweinebraten mit Knödeln und Sauerkraut servieren. Von ihnen erfahren wir auch, warum die Hütte so neu ist. Die alte Hütte wurde 1982 von einer Schneelawine weggerissen. An einer lawinensicheren Stelle wurde dann zwei Jahre später die heutige Hütte errichtet.

Noch während wir essen, watschelt Dackel Strolchi, wie wir ihn kurzerhand taufen, zu unserem Tisch herüber und legt sein schon ziemlich zerkautes gelbes Plüschbärchen direkt vor meine Füße. Sein erwartungsvoller Hundeblick fixiert mich lange, so lange, bis ich endlich beherzt das vollgesabberte Stück Stoff ergreife und über die Terrasse schleudere. Damit löse ich Freudensprünge beim Vierbeiner aus. Keine Frage, wer hier der eigentliche Chef in der Hütte ist. Strolchi bestimmt, wann wir essen dürfen, wann wir spielen sollen und vielleicht auch wann es Zeit ist, schlafen zu gehen.

Sankt Nikolai, ein idyllisches Dörfchen am Ende des Sölktales, empfängt uns mit Ruhe. Ich kenne diesen kleinen Ort, in dem keine 500 Menschen leben, sehr gut. Seit vielen Jahren bin ich hier regelmäßig als Bergführer im Winter mit Tourenskiern unterwegs. Aber so ruhig wie heute habe ich es hier noch nie erlebt. Kein Wunder, wir haben Zwischensaison. Der Winter mit seinen Skitourengehern ist vorbei, und die Wanderzeit hat noch nicht richtig begonnen. Sankt Nikolai ist im »Pausenmodus«, alles hat geschlossen. Das Wirtshaus macht Betriebsferien, der kleine Lebensmittelladen ist zu. »Müssen wir heute Nacht hungrig und bei Nieselwetter im Zelt schlafen?«, fragen wir uns mit sorgenvoller Miene, als wir vor den geschlossenen Türen stehen.

Mit viel Glück finden wir ein Übernachtungsquartier in einer gemütlichen Privatpension. Auch unseren Hunger können wir stillen, denn schon seit unserem Aufbruch in Wien schleppe ich ein Päckchen gefriergetrockneter Nudeln als Notfallration über Stock und Stein. Ein bisschen freue ich mich, dass sie nun endlich zum Einsatz kommen. Draußen regnet es inzwischen in Strömen, daher kochen wir heimlich im Zimmer auf unserem Gaskocher. Um Brandflecken auf dem Teppichboden zu vermeiden, errichten wir unsere mobile Küche im Badezimmer. Kichernd wie zwei Teenager, kauern wir auf den brandsicheren Fliesen und hantieren vorsichtig und leise mit den Kochutensilien. Einige Minuten später zieht schon ein würziger Essensgeruch durchs Zimmer, begleitet jedoch von einer etwas säuerlichen Duftnote. Auslöser hierfür können aber auch unsere Socken sein, die seit einer halben Stunde auf dem Heizkörper trocknen. »Essen ist fertig«, frohlocke ich und fülle Anitas Plastiktasse mit weichen, klebrigen Teigwaren. »Igitt!«, kommt nur wenige Augenblicke später ihre Reaktion. »Das schmeckt ja widerlich.« Schnurstracks marschiert sie mit ihrer Tasse zurück ins Bad und spült ihr Dinner in die Kanalisation. »Na, so eine verwöhnte Abenteurerin«, denke ich murrend. Jedoch nur so lange, bis ich selbst den ersten Löffel voll Nudeln im Mund habe. Augenblicklich spucke ich angeekelt alles zurück in die Tasse. Ich muss ihr recht geben, die Nudeln sind ungenießbar ranzig. Ich fische die Verpackung aus dem Mülleimer, schaue aufs Verfallsdatum: Die Nudeln sind seit sechs Jahren abgelaufen! Es wird dann ein sehr bescheidenes Abendessen mit Packerlsuppe und Brotresten.

Am nächsten Morgen regnet es noch immer. Anita verschwindet wieder unter ihrem roten Regenponcho, ich unter meinem blauen. Diese Plastikhüllen werden uns langsam vertraut wie gute Freunde. Entlang dem Bräualmbach verlassen wir Sankt Nikolai und tauchen wenig später in einen gespenstisch dunklen Nadelwald ein. Alte Fichten und Tannen stehen dicht an dicht. Ihre dürren Zweige sind verziert mit herabhängenden grünlich-grauen Bartflechten. Zwischen ihren schwarzen Stämmen schaukeln wassertropfenbenetzte Spinnweben im Wind. Der heisere Schrei eines Vogels erstickt in zäh wabernden Nebelschwaden. Geister begegnen uns jedoch nur in flüssiger Form oberhalb des Waldes, am Hohensee. Unvermittelt stehen wir hier vor einer urigen, aus Steinen errichteten Almhütte, wo uns der Kuhhirte auf ein Stamperl Birnengeist einlädt. Auf nüchternem Magen spüren wir sofort die wohlige Wärme des Selbstgebrannten.

Unser Weg führt nun weiter durch eine Bilderbuchgegend. Wo immer sich die Nebel ein wenig lichten, liegen still und klar die tiefblauen Wasseroberflächen kleiner Seen. Das Plätschern und Gurgeln der Bäche begleitet unsere Schritte. Leider macht sich der Wasserreichtum aber so langsam auch in unseren Schuhen bemerkbar. Ein steiler Anstieg in Richtung Schimpelscharte führt uns aus dem sumpfigen Gelände heraus und hinein in die Altschneefelder des vergangenen Winters. Graue und immer dichter werdende Wolken hüllen uns ein und verbergen die Sicht hinauf zur Schimpelscharte. Die Wegmarkierungen sind teilweise unter der Altschneedecke verborgen, und es ist gar nicht so einfach, sich hier im Nebel zu orientieren. Aber ein wirkliches Problem stellt das für uns nicht dar, denn auf dem GPS-Gerät haben wir ja die digitalen Karten und wissen so genau, wo unser Weg verläuft.

Auf der anderen Seite der 2273 Meter hoch gelegenen Schimpelscharte geht es steil bergab durch ein schier endloses Meer aus großen Steinblöcken und Geröll. Waren wir von Wien bis ins Gesäuse noch in den Kalkalpen unterwegs, setzen wir in den Zentralalpen unseren Fuß nun auf harten Granit, Gneis oder Schiefergestein. Unten führt uns der Pfad durch märchenhaften, nicht enden wollenden Zirbenwald zur Rudolf-Schober-Hütte. Müde, erschöpft und hungrig freuen wir uns auf warmes Essen und ein großes Bier. ❋

Ein knorriges altes Bauernhaus in der Krakauebene vor Tamsweg (oben)
Durch die idyllische Krakauebene geht es bis zum Prebersee angenehm
flach dahin (unten).

Angst und
Vertrauen

Durch die Nockberge und Gailtaler Alpen

Weite. Stille. Einsamkeit. Die sanften Landschaftsformen der Nockberge laden uns zum Entspannen ein. Wir nehmen die Einladung an und atmen tief durch. Doch wo das Sanfte ist, gibt es auch das Wilde: Der Reißkofel in den Gailtaler Alpen zeigt uns sein raues Gesicht.

Es sollte heute eigentlich ein ganz gemütlicher Wandertag werden. Nur eine kurze Strecke mit wenigen Höhenmetern wollten wir gehen. Warum wir eigentlich die 29 Kilometer von der Rudolf-Schober-Hütte vorbei am Etrachsee in die Krakauebene bis nach Tamsweg dann doch in einem Stück durchmarschiert sind, wissen wir beide nicht. Mindestens einen Ruhetag legen wir dafür jetzt hier in Tamsweg ein und mieten ein kleines, aber gemütliches Zimmer.

Unsere weitere Route planen wir spontan um. Von unserer Wunschroute »Tauernhöhenweg« durch die Schladminger und Radstädter Tauern müssen wir uns leider verabschieden, da die Hütten in den höheren Lagen jetzt noch geschlossen sind. Erst gegen Mitte Juni eröffnen die meisten Berghütten in der Region ihre Saison. Auf geöffnete Hütten sind wir jedoch angewiesen. Nicht unbedingt, um dort zu übernachten, wir haben ja zur Not noch das kleine Zelt dabei, aber um die Hauptmahlzeiten dort einzunehmen. Lebensmittel für mehrere Tage in den Bergen können wir nicht auch noch mitschleppen. Noch zwei Wochen hier in Tamsweg warten wollen wir aber auch nicht, und deswegen suchen wir eine Alternative zum Tauernhöhenweg. Die finden wir schließlich im Gebiet der Nockberge.

Für uns beide ist diese Gegend absolutes Neuland. Nie zuvor hat es uns hierher verschlagen, doch wir sind uns sofort einig: Die Nockberge sind mehr als nur eine Alternative zu den Hohen Tauern. Eine geradezu liebliche Landschaft nimmt uns auf. Diese Weite! Keine schroffen Felswände, die den Blick einengen, stattdessen sanfte, grasbewachsene Hügel und Kuppen. In den Mulden dazwischen schimmern kleine Seen und Tümpel. Wir erfreuen uns hier an jedem Wandermeter und fühlen uns erinnert an Reisen in

Ein Regenbogen bei der Reißkofel-Biwakschachtel oberhalb des Gailtales (S. 52/53). Die sanfte Hügellandschaft der Nockberge fasziniert uns vom ersten Schritt an.

Schottland oder in der Mongolei. Den inmitten der Nockberge liegenden Großen Königstuhl überschreiten wir und genießen die Aussicht aus 2336 Metern Höhe. Schauen wir nach Norden, können wir die Gipfelkette der Hohen Tauern sehen, wie Ankogel und Hochalmspitze, schon jenseits der 3000-Meter-Marke. Weiß vom Schnee sind die Berge dort noch. Es war also definitiv die richtige Entscheidung, in niedrigere Gebirgsregionen »abzudriften«.

Bei der Lausnitzalm machen wir eine kleine Pause und unterhalten uns eine Weile mit dem Senn der Alm übers Wetter, den vergangenen Winter und die vielen Murmeltiere in dieser Gegend. Plötzlich fragt er mich: »Wos host du für an Gschaftl, dass du den ganzen Sommer über wondern gehn konnst?« Ich antworte: »Ich arbeite seit vielen Jahren als Bergführer und Fotograf und halte Vorträge über meine Reisen und Bergtouren.« Er nickt sichtlich zufrieden und schaut nun prüfend zu Anita rüber: »Und du? Wos machst du?« »Ich bin Krankenschwester.« Darauf der Senn: »Na, dann ghörst eh amol an die frische Luft.«

Anita ist die Sammlerin von uns beiden. Diese Leidenschaft beschränkt sich nicht nur auf das Ernten aromatischer Teekräuter. Diesmal kommt sie mit einer Handvoll frisch gepflückten Walderdbeeren aus dem Gestrüpp. Sie strahlt übers ganze Gesicht, als sie mir stolz ihre knallrote Beute präsentiert. Ich gestehe ihr nicht, dass ich mich jetzt lieber auf eine Semmel mit warmem Leberkäs stürzen würde. Gesunde Ernährung hin oder her, ich könnte jetzt was »Kräftiges« gebrauchen! Mein heimliches Verlangen wird jedoch keine zwei Stunden später befriedigt. Der örtliche Supermarkt in Döbriach wirbt auf einer großen Tafel mit dem Angebot: »Cola + Leberkässemmel 1 Euro!« Ich kann nicht widerstehen. Ich gehe hinein und schlage zu. Glücklich und zufrieden fülle ich noch direkt vor dem Supermarkt meine Fettreserven wieder etwas auf.

Gemächlich watscheln zwei zutrauliche Enten direkt vor unseren Füßen über den matschigen Weg. Der Nieselregen scheint sie, im Gegensatz zu uns, nicht zu stören. Das alpine Gelände haben wir vorläufig verlassen, und an unserem 31. Gehtag spazieren wir am türkisblauen Weißensee entlang. In Neusach, einem kleinen Ort direkt am See, warten wir zwei Tage lang in einer gemütlichen Pension auf trockenes Wetter.

Interessanterweise macht uns das Warten aber nicht mehr viel aus. Ist unsere anfängliche innere Unruhe auf der zurückgelegten Strecke liegen geblieben? Im Lauf der vergangenen Wochen haben wir wohl gelernt zu akzeptieren, dass wir das Vorankommen auf dieser Wanderung nicht erzwingen können. Vor allem dem Wetter müssen wir uns fügen, da ist nichts zu machen. »Gelassenheit« heißt das Zauberwort. Einfach geschehen lassen. Wir sind jetzt bereit, entschleunigt zu reisen. Wir verweilen, schauen und bleiben. Und damit haben wir schon ein Ziel unserer Wanderung erreicht: uns auf die Langsamkeit dieser Reise einlassen zu können.

Unsere klatschnassen Regenponchos hängen wir an einen Metallhaken neben der Eingangstür und betreten die Comptonhütte in den Gailtaler Alpen. Maria und Toni sind gerade mit dem Abspülen beschäftigt und überrascht über unser Erscheinen in ihrer Hütte. Außer uns gibt es im Moment keine anderen Gäste, und auch mit uns haben sie bei derart schlechtem Wetter nicht gerechnet.

Wir plaudern ein bisschen über unsere Wanderung. Als wir Toni erklären, was wir vorhaben, setzt er sich sofort an den Tisch, knipst die kleine Tischlampe an und breitet Karten und Gebietsführer vor sich aus. Er hilft uns, eine Route zu finden, ruft benachbarte Hütten an, fragt nach deren Öffnungszeiten und recherchiert den Wetterbericht für die kommenden Tage. Verschmitzt blinzelt er uns zwischendurch über seine Lesebrille an, offenbar macht es ihm Spaß. Wir freuen uns über so viel ehrliche Hilfsbereitschaft. Inzwischen ist es draußen dunkel geworden, aber uns zieht es noch lange nicht ins Bett, zu gemütlich ist dieser Abend hier mit Maria und Toni.

Der nächste Morgen beginnt dunkel und grau. Dichter Nebel umhüllt die Hütte, es regnet aus Kübeln. Der Reißkofel, ein steiler, felsiger Berg direkt hinter der Comptonhütte, ist ins Wolkenmeer eingetaucht und nicht zu sehen. Eigentlich wollten wir ihn heute überschreiten und auf der anderen Seite unseren Weg fortsetzen, aber das können wir bei dem Wetter vergessen. Das Positive daran: Wir haben alle Zeit der Welt, um in Ruhe zu frühstücken. Und die brauchen wir auch. Denn das Frühstück, das Maria uns beiden hier serviert, ist genau das Gegenteil von Fast Food. Der Kaffee dampft in den Tassen, hauchzart geschnittener Gailtaler Speck verströmt seinen appetitanregenden Räucherduft. Wir bestreichen frisch gebackenen Hefezopf fingerdick mit Butter und wählen zwischen selbst gemachter Erdbeerkonfitüre, Marillenkonfitüre oder Waldhonig. Draußen klatschen dicke Regentropfen an die Fensterscheiben, wir sitzen hier im Paradies. Noch wissen wir nicht, wie sehr wir uns einmal nach dem Frühstück in der Comptonhütte sehnen werden, in Italien, bei Zwieback und gesalzener Butter! Werbesatz auf der Hütten-Website: »Ob Wanderer oder Bergsteiger, Biker oder Jaga, Bauer oder Holta. Jeder ist bei uns herzlich willkommen.«

Die Wolitzenhütte auf einer kleinen Waldlichtung in den Nockbergen
ähnelt einem Hexenhäuschen (oben). Das Besondere an der Landschaft
der Nockberge sind ihre »Polsterkissen« (unten).

Lautes Gelächter und helle Kinderstimmen holen uns später aus dem Mittagsschlaf. Wir bekommen Gesellschaft. Ein paar Kids stürmen in die Gaststube, gefolgt von einigen Jugendlichen und Erwachsenen. Dampf entsteigt ihren nassen Kleidern, aber alle sind gut drauf. Vormittags haben sie geholfen, die Kühe auf die Alm zu treiben, jetzt feiern sie mit Apfelschorle und Radler den Beginn des Alpsommers.

Am übernächsten Tag ist das Wetter dann endlich etwas besser. Zumindest bis zum Mittag soll es trocken bleiben. Wir riskieren einen Aufbruch. Der Abschied von unserem Basislager, der Comptonhütte und unseren liebenswerten Gastgebern, fällt zwar schwer, aber jetzt freuen wir uns aufs Vorankommen. Wir sind die einzigen Wanderer, die sich heute auf diesem steilen Weg die 1000 Höhenmeter zum Gipfel emporarbeiten. Fast mit jedem Schritt müssen wir hohe Felsstufen überwinden. Mit unseren Teleskopstöcken schieben wir uns regelrecht hinauf. Trotz der kühlen Witterung rinnt mir schon bald der Schweiß den Rücken runter. Unter meiner Regenjacke fühle ich mich trotz Hightech-Membran wie in der Sauna. Der Einzige, der sich hier noch atmungsaktiv nennen darf, bin ich. In immer kürzeren Abständen wird unser schwerer Atem begleitet von Donnergrollen. Ein Gewitter nähert sich, etwas früher als im Wetterbericht prognostiziert. Wir gönnen uns keine Pausen mehr, im Gegenteil, jetzt legen wir noch einen Zahn zu, denn zwischen Blitz und Donner möchten wir nicht mehr hier oben sein.

Doch das Problem am Gipfel ist plötzlich ein ganz anderes. Auf der Schattenseite, also der Nordwestseite des Berges, sind die Rinnen des Abstiegsweges noch mit Altschnee gefüllt. Teilweise pickelhart. Die Stahlseile, mit denen dieser ausgesetzte Weg durch die Felsrinnen abgesichert ist, liegen ebenfalls unter dem Schnee. Damit haben wir nicht gerechnet. Anita erstarrt vor Schreck. Der Anblick der steilen Schneerinnen jagt ihr gewaltige Angst ein. Mit verzweifeltem Gesichtsausdruck schaut sie mich an: »Da komm' ich nie runter!« Natürlich ist es nicht ganz ungefährlich, hier im Schnee abzusteigen. Ein tatsächliches Ausgleiten hätte sicher fatale Folgen. Aber mit meiner Erfahrung kann ich die Situation doch etwas realistischer einschätzen. Ich rede lange mit Anita, erkläre, dass der dichte Nebel alles dramatischer wirken lässt, als es ist. Und dass ich meiner Einschätzung nach sicher bin, dass wir da gut hinunterkommen, ansonsten würde ich nicht gehen.

Jeder von uns nimmt zwei spitze Steine als Pickelersatz in die Hände. Ich gehe vor. Wir bleiben dicht zusammen. Mit der Spitze

meines Schuhes hacke ich so lange in den Schnee, bis ich eine fuß-
breite Stufe herausgeschlagen habe. Mit festem Druck setze ich den
rechten Fuß hinein, verlagere mein Gewicht und kann nun mit dem
linken Fuß eine Stufe erarbeiten. Vorsichtig arbeite ich mich so
Stufe für Stufe, Meter für Meter durch die Schneerinne bergab. Ich
sehe erleichtert, dass Anita mir folgt. Sie scheint ihre Angst vorerst
unter Kontrolle zu haben. Mit konzentriertem Gesichtsausdruck
setzt sie sicher ihre Schritte und ihren »Steinpickel« in dieselben
Kerben, die ich geschlagen habe. In stabiler Dreipunkttechnik, auf-
recht in den Stufen stehend und nicht an den Hang gelehnt, wie wir
es besprochen haben.

Das Gewitter scheint sich zum Glück zu verziehen, stelle ich
erleichtert fest. Aber immer wieder verschlucken uns vorbeizie-
hende Wolkenfelder und nehmen uns die Sicht. »Anita, geht's bei
dir? Brauchst du Hilfe?«, frage ich besorgt. Ihre Stimme zittert ein
wenig beim Antworten, aber mit jedem Schritt fasst sie mehr Mut,
und wir kommen gut voran. Schließlich packe ich ein Stück der
Seilversicherung und zerre daran. Sie löst sich aus dem Schnee, jetzt
können wir uns auf den letzten Metern daran festhalten. Nur noch
ein kurzes Stück, dann haben wir es geschafft. Wir stehen auf siche-
rem Almboden. Mir fällt ein Stein vom Herzen. Bei Anita kullern
ein paar Tränen. Noch immer sehr angespannt, aber zutiefst erleichtert, erreichen wir schließlich unser heutiges Nachtquartier:
die Reißkofel-Biwakschachtel.

Eine kleine Holzhütte, nur für uns beide. Mit Blick über das
ganze Gailtal bis hin zu den Karnischen Alpen, unserem nächsten Ziel. Inzwischen löst sich auch die dunkelgraue Wolkenbank
am Himmel etwas auf. Ein paar Sonnenstrahlen durchbrechen die
Wolkendecke und werfen, einem Spotlight ähnlich, magisches Licht
auf einzelne Ausschnitte der Landschaft. Ein Regenbogen überspannt das Tal. Wie verzaubert von dieser Lichtstimmung, sitzen
wir sprachlos vor unserer Hütte und staunen. Die Aufregung des
Tages hält uns noch lange wach. Erst zu später Stunde löschen wir
die Kerze. Hell und ruhig scheint nun der Vollmond durchs Fenster.

Die sternenklare Nacht lässt uns traumhaft gut schlafen. Schade
nur, dass mich Anita schon morgens um halb sechs aus dem Schlaf
reißt, weil die schon hoch am Himmel stehende Sonne ihr den Eindruck vermittelt, es sei schon später Vormittag. Meine Morgenmuf-
feligkeit wird durch die leeren Jausensackerln nicht besser. Nicht
einmal Kaffee können wir uns kochen, alles ist aufgebraucht. Hilft
nur eins: Sachen packen und ab ins Tal. Hungrig starten wir durch

Ein abziehendes Gewitter hinterlässt eine dramatische Stimmung
im Gailtal (oben). Der Weißensee lädt zum Verweilen ein. Mittlerweile
können wir uns auf die Langsamkeit ganz gut einlassen (unten).

wunderschöne, blumenreiche Wiesen in Richtung Jaukenalm. Kühe gibt es hier zwar wie Sand am Meer, Milch bekommen wir leider trotzdem nicht. Denn die Kühe sind keine Kühe, sondern Jungvieh in Sommerfrische. Auch die nächste Alm ist auf ausgehungerte Wanderer nicht eingestellt. Milch gibt es wohl nur im Supermarkt zu kaufen.

Ziemlich erschöpft steuern wir unten im Tal in Kötschach-Mauthen das erstbeste Kaffeehaus am Hauptplatz an. Ein großer, kräftiger Eiskaffee hebt unseren Blutzuckerspiegel und damit auch gleich unsere Laune. So gestärkt, können wir uns auf Quartiersuche machen. Wir finden eine kleine, aber feine Privatpension und damit genau das, was wir brauchen: Zimmer, Ruhe, Bett. Inmitten unserer auf der Schlafstätte verteilten Supermarktbeute aus Keksen, Schokolade, Brot, Käse, Oliven, Bananen und Schlagsahne schlafen wir wie im Schlaraffenland. ✳

Trotz unsicherer Wetterlage steigen wir zum Reißkofel auf (oben).
Am Gipfelgrat des Berges gönnen wir uns keine Pause mehr, denn das
Donnergrollen ist bereits bedrohlich nahe (unten).

In luftiger Höhe

Raus aus dem Wolkenmeer. Fünf Tage lang genießen wir auf dem Karnischen Höhenweg die sommerlichen Temperaturen und die ungetrübte Aussicht. Dass uns ausgerechnet der Schritt ins Zitronenland Italien dann wieder im Regen stehen beziehungsweise gehen lässt, hätten wir nicht erwartet.

In drückender Schwüle verlassen wir auf dem sogenannten Römerweg Kötschach-Mauthen. Weit außerhalb des Ortes liegt ein kleiner Friedhof. »Heldenfriedhof« steht auf dem schmiedeeisernen Eingangsschild, es ist ein Soldatenfriedhof. Begraben wurden hier Gefallene des Ersten Weltkriegs. Die Spuren der Kriegsjahre werden uns während der nächsten Tage ständig begleiten.

Durch ein weites Tal wandern wir hinauf in Richtung Wolayerseehütte. Der dichte Bergwald, durch den uns unser Weg nun führt, dampft wie tropischer Dschungel. Von den Bergen ist nichts zu sehen, graue Wolken verstecken sie. Der einzige Farbtupfer in der Landschaft ist Anitas knallroter Plastikponcho, den sie aufgrund des einsetzenden Regens schnell überzieht. Am Valentintörl auf 2138 Metern Höhe lösen sich die Wolken etwas auf, und Anitas Regenponcho bekommt »Farbgesellschaft«. Kupferrote, von der Sonne angewärmte Steinplatten verlangen geradezu nach einer kurzen Rast. Nebelreißen, dazwischen kleine Flecken von blauem Himmel. »Die Sonne!«, freut sich Anita. Wir befinden uns oberhalb des Wolkenmeers. »Endlich! Das haben wir uns längst verdient.« Nach kurzem Zögern packen wir den Gaskocher aus und gönnen uns eine längere Pause mit heißer Suppe, auch wenn die Hütte laut Wegweiser keine 30 Minuten mehr entfernt ist. Wir strecken uns auf den Steinplatten aus und genießen die wohlige Nachmittagssonne.

Die Wolayerseehütte, die wir kurze Zeit später gut gelaunt erreichen, steht unmittelbar am Ufer des gleichnamigen Sees. Helmut, der Hüttenwirt, hat heute aufgesperrt und die Sommersaison eröffnet. Er ist wie ich ein ausgebildeter Berg- und Skiführer und amüsiert sich über meinen geografisch alles andere als alpinen Wohnort.

Ruhige Stimmung am Karnischen Höhenweg (S. 64/65). Der Weg zur Wolayerseehütte führt aus dem Wolkenmeer in die Sonne (oben). Liebliche Seen und Alpenrosen erfreuen uns inmitten schroffer Felslandschaften (unten).

»Na, Hans, da in deiner Gegend kannst du ja eigentlich nur als Weinbergführer arbeiten, oder?« In jungen Jahren habe ich mich bei solchen Sticheleien gelegentlich aus der Reserve locken lassen. Mittlerweile nehme ich es gelassen. »Ach, Helmut, jetzt enttäuschst du mich aber«, kontere ich, »als Bergführer und profunder Kenner alpiner Bedingungen solltest du doch wissen, dass die Geländeverhältnisse eines Weinbergs nicht der Arbeit eines Bergführers bedürfen.« Mit leicht irritiertem Gesichtsausdruck überreicht er mir den Zimmerschlüssel.

Als erste Gäste beziehen wir ein blitzsauberes, holzgetäfeltes Mehrbettenzimmer. Schnell legen wir das Gepäck ab, denn draußen lockt noch die Spätnachmittagssonne. Ein kleiner Spaziergang am See entlang bringt uns unvermittelt ins Nachbarland Italien. Kaum vorstellbar, dass die heute völlig unproblematische Grenze zwischen den EU-Ländern Österreich und Italien noch vor wenigen Jahrzehnten ein hart umkämpftes Gebiet war. Aber die Zeugnisse aus dieser Zeit sind hier oben noch zahlreich zu finden. Überall an den Berghängen liegt verrosteter Stacheldraht. Schützengräben sind in die Felsen gehauen. Wir sehen Kriegsstellungen, Mahnmale, Gedenktafeln und alte Bunkeranlagen. Wir kriechen in so einen alten Bunker hinein und bekommen Gänsehaut. Hier drinnen ist es kalt, feucht, dunkel, und ein unangenehmer Wind zieht hindurch. Uns befällt eine ganz leise Ahnung von der schrecklichen Zeit des Ersten Weltkriegs. Bei Wind und Wetter, im Sommer wie im Winter mussten die Soldaten hier oben ausharren, Munition und Waffen hinaufbefördern und bei widrigsten Bedingungen in notdürftigen Unterkünften hausen. Viele haben hier ihr Leben verloren, wenn nicht direkt durch Angriffe, dann durch Krankheit, Unterkühlung oder in Schneelawinen.

Das Wegenetz, das in den Jahren 1915 bis 1918 angelegt wurde, um den Waffennachschub an der Frontlinie zu sichern, existiert noch heute. Zwar wurden die Pfade während des Zweiten Weltkriegs zerstört und verfielen im Lauf der folgenden Jahrzehnte, doch in den 1970er-Jahren begann man, sie wieder zu restaurieren und zum Karnischen Höhenweg zusammenzuschließen, um den Tourismus in der Region zu fördern. Der Wanderweg wird deshalb heute auch gerne als Friedensweg bezeichnet.

Sicher sind wir nicht die einzigen Touristen, die hier immer wieder die Grenzsteine für ein Erinnerungsfoto zwischen die Füße nehmen – mit einem Bein auf österreichischem Boden und mit dem anderen in Italien.

Wahre Grenzgänger sind wir am Karnischen Höhenweg:
Mal südlich des Hauptkamms auf der italienischen Seite (oben),
dann wieder nördlich auf der österreichischen Seite (unten).

Bei Gratwanderungen sind aufziehende Gewitter besonders gefährlich (oben).
Die letzten Schritte hinauf zum Gipfel der Pfannspitze, im Hintergrund der
Große Kinigat (unten).

»KHW 403« steht nicht unter den chemischen Lebensmittelzusatzstoffen auf einer Gummibärchentüte, sondern ist die offizielle Wegbezeichnung für den Karnischen Höhenweg. Als Grenzweg führt er zwischen Österreich und Italien über den gesamten Hauptkamm der Karnischen Alpen, beginnend im kärntnerischen Arnoldstein bis nach Sillian in Osttirol. Auf dieser etwa 150 Kilometer langen Kammwanderung bewegen wir uns fast durchgängig auf rund 2000 Metern Meereshöhe. Die Strecke kann in acht bis elf Etappen aufgeteilt werden. Von der Wolayerseehütte aus wollen wir noch fünf weitere Tage auf diesem Fernwanderweg unterwegs sein.

Und auch unser zweites Etappenziel, das Hochweißsteinhaus, entpuppt sich als gemütliches Heim. Die Wirtsleute – ein junger Mann bewirtschaftet das Haus zusammen mit seiner Mutter – sind mit Helmut von der Wolayerseehütte verwandt und haben über ihn schon von uns gehört und uns erwartet. Hier fühlen wir uns richtig wohl, was vor allem an der familiären Atmosphäre liegt. Noch lange sitze ich abends mit dem jungen Hüttenwirt zusammen, ein begeisterter Kletterer und leidenschaftlicher Bergsteiger. Ich plaudere mit ihm über Kletterrouten in der Gegend und über die Ausbildung zum Bergführer.

Am nächsten Tag küsst uns die Sonne wach. Kein einziges Wölkchen traut sich, das morgenbleiche Himmelsblau zu stören, die Luft um uns herum ist trotz der Höhe von knapp 2000 Metern mild. Sommeranfang steht in unserem Kalender, anscheinend hat Petrus den gleichen.

Wir starten also tatsächlich in kurzen Hosen Richtung Porzehütte. Direkt hinter der Terrasse des Hochweißsteinhauses müssen wir erst mal einen steilen, verbuschten Hang hinauf zum Luggauer Törl erklimmen. Hier, auf 2232 Meter, wartet eine Schafherde auf Kuscheleinheiten, was Anita natürlich, ohne zu zögern, übernimmt. Sie küsst Dutzende samtige Schafschlappohren, krault ihnen die wollpelzigen Rücken und drückt die Tierchen reihenweise ans Herz. Wehmütig schauen sie uns hinterher, während wir über einige Restschneefelder weiter zum Gipfelkamm emporsteigen. Schweigsam stapfen wir durch den Schnee, als wir direkt hinter uns jemanden freudig aufjaulen hören. Wir drehen uns um und sehen, wie ein junger Mann mit Schlapphut beide Hände freudestrahlend in den Schnee drückt. Nicht so sehr seine Begeisterung für den grauen, nassen Matsch lässt uns innehalten, vielmehr erkennen wir, dass heute zum ersten Mal seit Beginn unserer Reise ein anderer Wanderer mit uns zusammen auf dem Weg ist. Jetzt kommt er auf uns zu und spricht uns auf Englisch an. Wir sollen ihn nicht für verrückt halten, entschuldigt er sich, aber er hat noch nie zuvor in seinem Leben Schnee gesehen. Hinter einer schmalrandigen Nickelbrille funkeln uns zwei lustige, schwarze Augen an, während er uns erklärt, dass er extra aus Brasilien nach Österreich gekommen ist, um hier in den Alpen zu wandern.

Wir freuen uns, dass er heute, hier und jetzt den besten Eindruck von unserem Land bekommt, denn oben auf dem Gipfelkamm präsentiert sich die Alpenwelt von ihrer beeindruckendsten Seite. Das Panorama ist atemberaubend. Schauen wir beim Gehen nach rechts, also nach Norden, sehen wir die vergletscherten Gipfel der Zentralalpen und mittendrin den höchsten Berg Österreichs, den Großglockner. Im Südwesten erkennen wir schon die ersten Formen der zackigen Dolomiten. In einem beständigen Auf und Ab wandern wir durch Alpenrosengärten, vorbei an glasklaren Bergseen und Bächen. Genau so stellen wir uns einen Höhenweg vor. Nach acht Stunden Gehzeit und 15 Kilometern Gratwanderung erreichen wir schließlich die Porzehütte.

Aus der stillen Bergwelt platzen wir hinein in den Trubel, denn die Zeit, in der wir die Alpenvereinshütten für uns alleine hatten, ist vorbei. Bunte Mountainbikes parken vor der Hütte, große Wanderrucksäcke blockieren die Sitzbänke der Terrasse, Dutzende Teleskopwanderstöcke lehnen, ungeschickt ineinander verkeilt, bei der Eingangstür und versperren den Weg. Mit lauten Stimmen werden die Heldentaten des Tages zum Besten gegeben. Na, was soll's, zusammen mit unserem brasilianischen Begleiter lassen wir uns erst mal einen Kaiserschmarrn schmecken.

Die Nacht ist allerdings grauenhaft, im Matratzenlager kehrt keine Ruhe ein. Jemand schnarcht. Zugegeben, leise, aber als ich mich auf dieses Geräusch des lauten Atmens eingeschossen hab, stört es mich. Nun schleicht ein anderer auf die Toilette, bewegt sich vorsichtig, blendet mir aber dafür den Lichtkegel seiner Stirnlampe direkt ins Gesicht. »Oh, Entschuldigung!« »Na, macht nichts. Kann sowieso nicht schlafen.« Eigentlich hätte unsere heutige Königsetappe einen würdigeren Abschluss verdient. Wieso liegen wir eigentlich nicht draußen unterm Sternenmeer in unserem Zelt?

Morgens um sechs Uhr packen die Frühaufsteher ihre Sachen zusammen. Plastikverpackungen rascheln, Deoroller fallen zu Boden, in zischelndem Flüsterton wird untereinander kommuniziert. Jetzt stört es uns jedoch nicht mehr, denn auch wir stehen früh auf. Für den heutigen Tag sind ab Mittag Gewitter angesagt, bis dahin wollen wir die Obstansersee-Hütte erreichen. Auf halber Strecke machen wir Rast bei der Standschützenhütte. Günther, der hiesige Wirt, hat gerade mit seinem Osttiroler Freund Lebensmittel aus dem Tal heraufgetragen, nun gönnen sie sich in der Sonne vor der Hütte ein Bierchen. Wir setzen uns dazu, und offensichtlich liegt der Osttiroler mit seinem Charme bei Anita genau richtig. Immer dichter rückt sie plaudernd an ihn heran. Aber um eifersüchtig zu werden, bleibt mir keine Zeit, denn auch meine Wenigkeit scheint plötzlich gefragt zu sein. »Hans?«, vernehme ich eine helle Frauenstimme neben mir. »Bist du nicht der Hans Thurner?« Ich blicke auf – und in ein bekanntes Gesicht. Jasmin war vor einiger Zeit bei mir im Kletterkurs. Sie ist Günthers Freundin und hat schon vor einiger Zeit einen Artikel über unsere Wien-Nizza-Wanderung gelesen. Und obwohl es ein lustiges, bierseliges Beisammensein wird, brechen wir bald auf, denn der Himmel zieht sich schon zu. Im Eiltempo marschieren wir nun den Grat entlang, den Gipfel des Großen Kinigat, den wir eigentlich besteigen wollten, lassen wir rechts liegen. Donnergrollen hallt schon zwischen den Felswänden. Wir sind hier ja meist direkt am Grat unterwegs und somit oft der höchste Punkt in der Landschaft, da sollte uns nicht unmittelbar ein Gewitter erwischen! So schauen wir zu, dass wir rasch vorankommen, und legen noch an Tempo zu. Den Gipfel der Pfannspitze müssen wir noch zwingend überqueren. Oben legen wir einen kurzen Stopp mit schnellem Eintrag ins Gipfelbuch ein, dann folgt ein Wettlauf gegen das nahende Unwetter hinab zur Obstansersee-Hütte. Kaum sind wir drinnen, geht es draußen los mit dem Donnerwetter. Aber wir sind in Sicherheit.

Am nächsten Tag dann grottenschlechtes Wetter, es schüttet wie aus Eimern. Wir beschließen, den Karnischen Höhenweg einen Tag früher zu beenden und von der Obstansersee-Hütte ins Tal abzusteigen. Nach einem wohltuend kurzen Aufstieg zum Obstanser Sattel kommen wir endgültig auf die italienische Seite der Karnischen Alpen. Starker Wind peitscht uns den kalten Regen ins Gesicht und lässt den Regenponcho unangenehm flattern und hochsteigen. Buchstäblich vom Wind werden wir durchs Vallorera-Tal nach Südtirol hinuntergeblasen. Weiter unten im Tal hört der Wind zwar auf, jedoch nicht der Dauerregen. Klatschnass erreichen wir das Städtchen Moos, nahe bei Sexten, am Eingang des Fischleintals.

Mit untrüglichem Blick erkennt Anita schon von draußen in der Tortenvitrine der Konditorei Kofler das »beste« Tiramisu zwischen Wien und Nizza. Klatschnass, wie wir sind, gehen wir hinein, genießen Tiramisu und heißen Cappuccino, dann machen wir uns auf die Quartiersuche. In unserem Internetblog schreiben wir an diesem Abend unter anderem: »… es ist unser 40. Gehtag. Bella Italia!«

Ab jetzt sind wir in Italien unterwegs; am 40. Gehtag haben wir Österreich endgültig verlassen. Wir wollen quer durch die Dolomiten, wo genau, wissen wir noch nicht. Unser nächstes Hauptziel ist Bozen. ✽

Ein letztes Foto auf österreichischen Boden (oben), denn ab jetzt sind wir in Italien. Durchs Vallorera-Tal geht es hinab nach Moos bei Sexten (unten).

Verletzliche Bergwelt

Wunderwelt Dolomiten

Vor vielen Millionen Jahren erhob sich die Wunderwelt der Dolomiten aus dem Urmeer. Geradezu kühn ragen überall um uns herum die Felsspitzen der mächtigen Berge in den Himmel, den Naturgewalten ausgesetzt. Aber wie lange noch kann diese urzeitliche Landschaft der zerstörerischen Wirkung von Vermarktung und Massentourismus standhalten?

Morgens geht es im Fischleintal noch ruhig und beschaulich zu. Auf einfachen, schönen Wanderwegen durch lichten Nadelwald nähern wir uns den unverwechselbaren Felstürmen der Drei Zinnen. Am Talschluss bringt uns dann ein Zickzackpfad durch Geröllfelder über die Baumgrenze und in die karstigen Hochalmflächen. Die Melodien der Waldvögel werden schlagartig ersetzt durch das Pfeifkonzert der wachsamen Murmeltiere. Und noch ein Geräusch drängt an unsere Ohren: laute menschliche Stimmen. Kein Wunder, die Dreizinnenhütte ist nah, schon sehen wir oberhalb eines flachen Sattels ihr rotes Blechdach aufleuchten.

Nur wenige Minuten später stehen wir den markanten und berühmten Felsbergen gegenüber: den Drei Zinnen, Eldorado der Kletterer und Paradies der Wanderer. Abenteuerspielplatz für bergunerfahrene Halbschuhtouristen, Arena und Selbstdarstellungsschauplatz für Gebirgsmarathonläufer und Mountainbiker. Was für ein Trubel uns hier oben erwartet! Jetzt, im Frühsommer, beginnt merklich die Hauptsaison in den Dolomiten. Wie ein Lindwurm nähert sich ein Touristenstrom der Dreizinnenhütte. Die meisten fahren vom Misurinasee die Mauttrasse bis zum letzten Parkplatz hoch, wandern das kurze Stück auf ausgetrampelten Wegen zur Nordseite der Zinnen und schauen sich die berühmten Alpenberge an. Angelockt werden die Massen durch die verheißungsvollen Verlautbarungen in den Fremdenverkehrsbroschüren, in denen es heißt: »Die Umrundung der Drei Zinnen ist ein Muss für jeden Wanderer.« Oder: »Die Drei Zinnen in Südtirol – das Wahrzeichen der Dolomiten.« »Entdecken Sie die Drei Zinnen!«

Die Rosengarten-Gruppe in den Dolomiten (S. 76/77). Von der Dreizinnenhütte blicken wir auf die wohl berühmtesten Berge der Dolomiten: die Drei Zinnen (oben). Alpenglühen auf den Wänden der Lastoi-di-Formin-Gruppe (unten).

Erstes Morgenlicht fällt auf die Cinque Torri (oben). Abstieg nach Andraz,
im Hintergrund die Marmolata (unten).

Auf der Terrasse der Dreizinnenhütte treffen wir sie alle. »Klack, klack, klack«, hallen ihre Wanderstöcke auf dem steinigen Untergrund, wenn sie, laut schnaufend, an uns vorbei und in die Hütte hineinstapfen. Wir müssen schmunzeln, wissen wir doch, wie beliebt sich Wanderer beim Hüttenpersonal machen, wenn sie mit ihren Stöcken bis direkt vor den Selbstbedienungstresen marschieren. »Klack, klack, klack«, wäre wohl vor ein paar Jahren auch das häufigste Geräusch am hölzernen Terrassengeländer, dem Standort der Fotografen, gewesen. Heute piepsen und summen dort die Digitalkameras in den Händen ihrer aufgeregten Besitzer. Gruppenbild mit den Drei Zinnen im Hintergrund, Selfie vor der Dreizinnenhütte, Großaufnahme vom frisch servierten Kasknödel. Für viele geht es nach dem Besuch der Hütte direkt wieder zurück zum Parkplatz und hinunter ins Tal. Die Drei Zinnen hat man gesehen, abgehakt – was steht als Nächstes auf dem Programm? Wie glücklich wir doch sein können, mehr Zeit zu haben.

Abseits des Weges, in einer windgeschützten Mulde, legen wir am Fuße der Zinnen eine Pause ein, holen Salami und Schwarzbrot aus dem Rucksack und schauen zu den Nordwänden hinauf. Als Kletterer entdecke ich sofort drei Alpinisten in der »Cassin/Ratti«, einer sehr schwierigen Kletterroute an der Westlichen Zinne. Ich beobachte sie lange mit dem Fernglas, schaue gebannt zu, wie sie immer und immer wieder versuchen, eine komplizierte Schlüsselstelle zu überwinden. In mir werden alte Bilder wieder lebendig. Ich erinnere mich an einen meiner allerersten Kletteraufenthalte in den Dolomiten. Schon in jugendlichen Jahren konnte ich mit einem Freund die »Comici-Führe« in der Großen Zinne klettern. Die Italiener Guiseppe und Angelo Dimai sowie Emilio Comici kletterten diese schwierige Tour 1933 zum ersten Mal und eröffneten damit einen Kletterklassiker, der noch heute die Alpinistenherzen höher schlagen lässt.

Knapp oberhalb des Misurinasees wollen wir übernachten. Es ist zwar erst früher Nachmittag, aber wer weiß, ob wir später auch wieder so ein lauschiges Plätzchen finden. Und hier wissen wir wenigstens, dass der Bauer, dem diese Flächen gehören, nichts dagegen einzuwenden hat. Ein Fleckchen ebene, trockene Wiese inmitten eines duftenden Tannenwaldes, eine notwendige Wasserstelle ist ebenfalls in der Nähe. Ein heißer Tee noch, dann beginne ich, den Zeltplatz von Ästen, Steinchen und Tannenzapfen zu säubern. »Du, Anita, die Kuhfladen lasse ich aber liegen. Die sind ja eh ein schön weicher Untergrund zum Schlafen«, scherze ich. »Sind wir hier etwa auf einer Kuhweide?«, fragt sich Anita. »Ich glaub, die sind inzwischen auf einer anderen Weide. Ich sehe hier weit und breit keine Viecher.« Ruck, zuck haben wir das Zelt aufgebaut, eingerichtet und gönnen uns vor dem Abendessen eine kurze Siesta. Da nähert sich etwas schnaubend und schnaufend schweren Schrittes unserem Zelt. Kurze Ruhe. Dann wackelt die Zeltplane. Da zerrt doch einer dran. Kommt uns der Bauer besuchen? Ich stecke den Kopf durch die Eingangsluke und schaue direkt in zwei dunkelbraune, von langen Wimpern umrandete Augen. Kuhaugen! Noch bevor sie mir mit ihrer langen, rosa Zunge durchs Gesicht fahren kann, springe ich aus dem Zelt und scheuche sie mit rudernden Armbewegungen und »Husch, husch«-Rufen zurück in den Wald. Nur wenige Minuten später ist sie wieder da, diesmal in Begleitung einiger ihrer schwarz-weiß gescheckten Freundinnen. Sie knabbern an unseren Rucksackriemen, zupfen an der Zeltplane, wollen den Teetopf ausschlecken. Ich scheuche sie erneut fort, aber sogleich sie sind wieder da. Zur Belustigung von Anita wiederholt sich das Schauspiel noch einige Male. Bis es mir zu bunt wird. Ich schnappe mir jene, die am intelligentesten dreinblickt, und erkläre ihr mit ernstem Gesicht und erhobenen Zeigefinger: »Du liebe Kuh, jetzt horch einmal zu! Wir beide sind hundemüde. Uns tut das Kreuz weh vom schweren Rucksack. Wir haben einen weiten Weg hinter uns und noch einen langen vor uns. Von Wien nach Nizza sind wir unterwegs! Wir müssen uns erholen, also lasst uns in Ruhe!«

Es hat wirklich geholfen. Wir verbringen eine ungestörte und ruhige Nacht. Und am Morgen erklärt mir Anita mit ernster Miene: Sollte ich irgendwann zu alt für den Bergführerjob sein, kann ich es ja als Kuhflüsterer versuchen.

Um nach Cortina d'Ampezzo zu gelangen, müssen wir leider einige Kilometer »Straßenhatscherei« in Kauf nehmen, denn einen durchgängigen Fußweg finden wir nicht. Motorräder brausen lautstark an uns vorbei, Wohnmobile, Lastwagen. Und immer wieder müssen wir eine gefühlte Ewigkeit lang an Großbaustellen vorbei. Mit dem Auto hat man diese Schandflecken in wenigen Sekunden passiert, in unserem Tempo bekommen wir jedoch genau mit, in welchem Umfang hier in die Landschaft eingegriffen wird. Es entstehen neue Straßen, neue Brücken, neue Hotels und Liftanlagen. In einst unberührte Natur reißen Bagger und Planierraupen bleibende Wunden.

Zum Glück können wir bald wieder auf Wanderwegen weitergehen, bis wir das von den herrlichen Bergen der Cristallogruppe umrahmte Cortina d'Ampezzo erreichen. Ich genieße es, diesmal zu Fuß nach Cortina zu kommen. Häufig habe ich dieses Städtchen schon mit dem Auto besucht, was mit langwierigem Parkplatzsuchen und hohen Parkgebühren verbunden war. Auch sonst ist Cortina eher ein teures Pflaster, dafür hat der etwas auswärts gelegene Campingplatz allen Luxus, den wir brauchen. Wenn wir nicht so müde wären, würden wir jetzt unter der Dusche Rock 'n' Roll tanzen, die Nasszellen werden nämlich lautstark mit Elvis beschallt.

Der Wetterbericht verspricht für die nächsten drei, vier Tage schönes Sommerwetter. So halten wir uns nicht lange in Cortina auf. Wir kaufen in den modernen Supermärkten der Stadt Lebensmittel für ein paar Tage ein und brechen wieder auf. Als wir den lichtdurchfluteten Lärchenwald verlassen, stehen wir vor den Felsen der Cinque Torri. Imposant stehen die klotzigen Felsformationen in der Landschaft, die Wände ragen bis zu 180 Meter steil in die Höhe. Unweit des gleichnamigen Rifugio dürfen wir unser Zelt aufbauen, denn es ist eine perfekte Nacht, um draußen zu schlafen. Windstill und trocken. Bei Knoblauchsuppe aus dem Packerl mit selbst gesammeltem Wildschnittlauch betrachten wir das Schauspiel des Alpenglühens an den Wänden des Lastoi di Formin.

Nach acht Stunden erholsamem Tiefschlaf springen wir am Morgen aus dem Zelt, und hoch motiviert geht's über schroffe, felsige Wege hinauf zum Gipfel des Nuvolau auf 2574 Metern Seehöhe. Der Gipfel ist bei Ausflüglern beliebt, denn in gut einer Stunde ist er vom Falzarego-Pass aus zu erreichen. Entsprechend voll ist es dort oben dann auch. Fast zum Greifen nahe wirkt das auffallende Marmolata-Massiv am Horizont, weiß schimmert der Gletscher im hellen Sonnenlicht zu uns herüber und weist uns grob unsere Richtung für die nächsten Tage. Auch der Großglockner schickt uns noch einen letzten, fernen Gruß aus Österreich.

Wieder im Tal, kommen wir in das kleine Dorf Andraz. Wir schlendern durch die schmalen Gassen, und dabei fällt uns ein kleiner Laden auf, der wirkt wie aus einer anderen Zeit. »Alimentari« steht in weißer Farbe über der Eingangstür. Lebensmittel, Ansichtskarten, Exportwein und Reiseproviant soll es hier geben. Klingt gut. Wir gehen hinein und kommen uns gut 30 Jahre zurückversetzt vor. Es ist ein typischer »Tante-Emma-Laden«, bis unter die Decke reichen die voll gestopften Regale. Thunfischdosen stehen neben Marmeladengläsern, Ketchupflaschen teilen sich ein Abteil mit Schokoriegeln, darüber Toilettenpapier, Seife, Sonnencreme. Vor einer Kühlvitrine mit metzgerfrischer Mortadella stapeln sich Holzkisten mit Äpfeln und Salat. Auf kleinstem Raum gibt es alles, noch dazu mit außerordentlich freundlicher Bedienung. In einer lindgrünen Nylonkittelschürze steht die Ladeninhaberin hinter ihrem Tresen und wartet geduldig, bis wir entschieden haben, was wir in unseren Rucksack packen. Welch ein angenehmer Kontrast zu den großen, modernen Supermärkten drei Tage zuvor in Cortina!

Das Wetter ist inzwischen zum Wandern ideal. Es ist zwar sommerlich heiß, doch das ist uns immer noch lieber als Regen und Kälte. Die Wiesen duften nach Sommer und nach Heu.

Am Dorfbrunnen von Andraz füllen wir noch unsere Wasserflaschen und starten in Richtung Pordoijoch. Vor zwei Tagen stand das Gras rechts und links der Straßen noch kniehoch. Inzwischen werden die steilen Wiesen abgemäht, die Bauern sind mit dem Zusammenrechen der Heuernte beschäftigt. Bevor das nächste Gewitter kommt, soll das trockene Heu sicher in der Scheune liegen. Wenn man sieht, wie sie schnell, ohne Zeit zu verlieren, arbeiten, weiß man, dass das in puncto Wetter nichts Gutes bedeuten kann. Im Moment ist es so heiß, dass es nicht nur für uns kaum zum Aushalten ist. Wir beobachten ein Reh beim Baden in einem kleinen Weiher. Ich wusste bislang nicht, dass sich diese Waldbewohner auch gern im kühlen Nass erfrischen.

Kurz vor dem Pordoijoch wandern wir über weite, sattgrüne Matten. Aber leider treffen wir auch hier in der Höhe nicht nur auf die Einsamkeit der Berge. Die Stahlträger von Sesselliften und das hässliche, wuchtige Betongebäude einer Seilbahn-Bergstation erinnern an den Südtiroler Skizirkus, der in wenigen Monaten die momentan ruhige Gegend wieder in einen Rummelplatz verwandeln wird. Noch schaukeln die leeren Sessel geisterhaft verwaist im Wind.

Die Emsigkeit der Bauern bei der Heuernte hat darauf hingewiesen, der Wetterbericht im Internet hat es prognostiziert, und am aufziehenden Wolkenbild können wir es jetzt selbst erkennen: Das Wetter wird umschlagen. Kurz vor Mitternacht geht es los. Wetterleuchten lässt unser Zelt in raschen Folgen immer wieder hell aufflackern. Fernes Donnergrollen hallt dumpf zwischen den Bergen zu uns herüber, aber der Regen, der kommt erst am Morgen. Anfangs klatschen nur vereinzelte schweren Tropfen aufs Zeltdach, dann prasseln wahre Sturzfluten auf uns nieder. Wir liegen zwar schon längere Zeit wach in unseren Schlafsäcken, können uns jedoch überhaupt nicht zu irgendwelchen Handlungen motivieren. Ein heißer Kaffee wäre jetzt gut. Aber bei dem Regen mag keiner

Kurz vor dem Pordoijoch genießen wir nach einer warmen Mahlzeit den langen Sommerabend (oben). Die Bergwiesen verströmen würzig-blumigen Duft, der Himmel ist klar und blau – da macht das Wandern Freude (unten).

Zwei, die sich verstehen (oben). Schwere Stunden im Dauerregen (Mitte).
Mit Liebe zum Detail: farbenfrohe Hausfassade in Canazei (unten). Licht und Schatten
zaubern eine phänomenale Stimmung über dem Rosengarten (S. 86/87).

Ein perfekter Abend am Gipfel des Schlern (oben). Die Schlernhütte vor der schroffen Kulisse des Rosengartens (Mitte). Die gewaltige Bergwelt der Dolomiten lässt uns immer wieder innehalten und staunen (unten).

von uns freiwillig draußen den Gaskocher anwerfen. Und in dem viel zu kleinen Vorzelt können wir auch nicht kochen, denn das ist mit unseren Rucksäcken und den Bergschuhen schon randvoll.

Es nützt nichts, missmutig schlüpfen wir aus dem warmen Schlafsack. Die große Kunst besteht für uns nun darin, in dem winzig kleinen Zelt den Rucksack zu packen, ohne an die Zeltwände zu streifen, denn die sind triefend nass vom Kondenswasser. Für eventuelle Beobachter muss es aussehen wie ein handfester Kampf, wie wir hier zu zweit im Zelt übereinander, nebeneinander und untereinander herumwurschteln und Schlafsack, Kleidung und Waschbeutel in unsere Rucksäcke verstauen. Unter akrobatischen Verrenkungen rollen wir am Schluss noch die Isomatten zusammen und kriechen hinaus in den strömenden Regen. Das Zelt stopfen wir klatschnass in den Rucksack, und ohne Frühstück brechen wir auf, schweigsam, jeder mit seinem eigenen Groll beschäftigt.

Der Anstieg hinauf zum Pordoijoch scheint endlos. Immer wieder brauchen wir kurze Verschnaufpausen, stützen uns auf unsere Stöcke, beobachten frustriert, wie das Regenwasser in silbrigen Fäden an unseren Ponchos herunterfließt und auf dem Boden vor unseren Füßen kleine Pfützen bildet. Physisch und psychisch stoßen wir an unsere Grenzen. Anita weint vor Verzweiflung und Erschöpfung. »Scheißberge«, jammert sie mutlos vor sich hin. Das ständige Ausgesetztsein in der Natur, ausgeliefert entweder der prallen Sonne und sengenden Hitze, Blitz und Donner oder gnadenlosem Dauerregen, zerrt heute gewaltig an unseren Nerven. Unsere Motivation ist auf dem absoluten Tiefpunkt, die Abenteuerlust vergangen. Zum ersten Mal denken wir laut übers Aufgeben nach. »Und wenn wir uns einfach in den Bus setzen und nach Hause fahren? Heute Abend könnten wir schon im trockenen Wohnzimmer sein«, überlegen wir. »Wir können ja vielleicht in ein paar Wochen wiederkommen und die Reise bei besserem Wetter fortsetzen.«

Aber mit dieser Lösung können wir uns beide nicht wirklich anfreunden. Jetzt einfach aufgeben? Nein! Also gehen wir einfach weiter. Im Restaurant an der Passhöhe holen wir das versäumte Frühstück nach, trinken einen Kaffee nach dem anderen und sprechen kein Wort miteinander. Zwei, drei Stunden lang sitzen wir niedergedrückt herum und starren durch das Fenster den Regen an.

Aber wie immer hört der Regen dann doch wieder auf, gegen Mittag ist es praktisch niederschlagsfrei. Der mächtige, 3181 Meter hohe Langkofel taucht dramatisch und stimmungsvoll zwischen den dunklen Wolken auf. Plötzlich wird es fotografisch interessant! Ich bin wieder voll in meinem Element, und schnell vergesse ich die Beschwerlichkeiten der vergangenen Stunden. Als ich dann dem bronzenen Fausto Coppi – der italienischen Radsportlegende ist hier oben am Pass in Gestalt einer Bronzestatue ein Denkmal gesetzt – den Wadenmuskel massiere, kann auch Anita schon wieder lachen.

Wir kommen ins beschauliche Städtchen Canazei, und sofort fallen uns die prächtig bemalten Hausfassaden auf. Bunte Ornamente und religiöse Motive verzieren die weiß verputzen Außenwände. Filigrane Holzschnitzereien entlang der Dachgiebel sowie prächtiger Blumenschmuck unter den Fenstern vervollkommnen das Bild. Wunderschön anzuschauen. Wir sind hier im ladinischen Kulturraum unterwegs. Die Ladiner sind eine ethnische Minderheit in Südtirol und haben ihre eigene, uralte, rätoromanische Sprache. Für unsere Ohren hat sie einen sehr fremdartigen Klang. Neben Deutsch und Italienisch ist sie jedoch eine der drei Südtiroler Amtssprachen.

In den Bäckereien werden uns hier überall Vinschgerl angeboten. Dieses dunkle Fladenbrot kaufen wir bevorzugt als Reiseproviant, denn durch den hohen Roggenmehlanteil trocknet es nicht so schnell aus, und wir können es nach mehreren Tagen noch genießen. Wir besorgen auch noch etwas Obst, Käse und Speck für die nächsten drei Tage, die wir noch in den Dolomiten unterwegs sein werden.

Canazei verlassen wir durch das Durontal, ein weites, schönes Tal mit ausgedehnten Weideflächen, vereinzelten Höfen und Holzstadeln. Öffentlichen Straßenverkehr gibt es hier nicht, und so spazieren wir ruhig und ungestört bis ins Talende, zum Duronpass. Unser nächstes Etappenziel ist das Schlernhaus, und diesem nähern wir uns auf imposanten Hochwegen mit Blicken über die ausgedehnten Wiesen der berühmten Seiser Alm. Da wir schon nachmittags das Schlernhaus erreichen, wollen wir den Rest des Tages für einen gepäcklosen Ausflug auf den 2563 Meter hohen Schlerngipfel nutzen. Es ist zwar sehr windig dort oben und kalt, aber sonnig. Nach knapp einer Stunde sitzen wir schon zwischen einigen kleinen Steinpyramiden beim Gipfelkreuz. Die Zacken der Rosengartengruppe liegen bereits im letzten Licht der Sonne. Kräftiger Wind schiebt malerisch dunkle Wolkenbänke über die rot leuchtenden Felswände hinweg, während das Tal bereits im Schatten versinkt. Schweigsam lassen wir diesen Anblick einfach auf uns wirken. An diesem Tag, in diesem Moment ist es genau so, wie wir es uns vorgestellt und erträumt haben: Wir sind unterwegs in einer schönen

Schön eben ist der Wanderweg ins Durontal (oben). Unendlich weit erscheint uns von oben der Abstieg vom Schlernhaus hinunter nach Bozen (unten).

Alpengebirgsgruppe, wir kommen gut voran. In unserem Rucksack haben wir alles dabei, was wir benötigen. Wir sind autark. Das Heute und Morgen spielt keine Rolle mehr.

Die kleinen Wasserpfützen in den Schlaglöchern der Schlernhausterrasse sind von einer hauchzarten Eisschicht bedeckt. Wie gut, dass wir die letzte Nacht im warmen Matratzenlager verbringen konnten. Auch jetzt, am frühen Morgen, fegt noch ein bitterkalter Wind um die Hütte. Eigentlich dürfte mein Rucksack nichts mehr wiegen, denn ich trage sämtliche Kleidung am Leib. Vor uns liegt jetzt der lange Abstieg vom Schlernhaus nach Bozen. Nach den vielen Tagen in den Bergen können wir es tatsächlich kaum erwarten, nach Bozen zu kommen. Für uns steht fest: Wir legen die gesamte Strecke an einem Tag zurück.

Es geht steil bergab, und mit jedem Meter wird es wärmer. Unterhalb der Baumgrenze sind wir wieder in kurzen Hosen unterwegs. Eine kleine Almhütte versorgt uns mit frischer Milch und Buchweizenkuchen. Von hier gehen wir auf dem sogenannten »Prügelweg« auf Holzstegen durch eine schmale Felsklamm und erreichen schon recht bald die Hochalmflächen oberhalb Bozens. Wie ein grauer Wurm schlängelt sich die Brennerautobahn durchs Eisacktal. Selbst von hier, immerhin noch fast 1000 Meter über dem Talboden, können wir den Lärm der rollenden Autokolonnen hören.

Liegt es an der drückenden Hitze, die unser Gehirn lähmt, oder an dem langen Weg, der schon hinter uns liegt und uns müde macht? Wir haben unbemerkt den markierten Weg verlassen und kraxeln nun mühsam mitten durch die Steinschlagverbauungen zur Autobahn hinunter. Endlich unten im Talboden angekommen, sind wir zwar erleichtert, dass es jetzt knieschonender weitergeht, aber schöner wird es nicht. Auf asphaltiertem Gehsteig marschieren wir in der prallen Sonne zwischen Schnellstraße, Autobahn und Bahngleisen Richtung Bozen. Zwölf Kilometer haben wir noch vor uns. Die Nerven liegen blank. »Was bringt dieser ganze Mist hier eigentlich? Das macht doch keinen Sinn!« »Hättest ja nicht mitkommen brauchen.« »Ich dachte, dass wir durch die Berge wandern. Aber nein, auf Straßen latschen wir durch die Gegend!« »Kannst dich ja in den Bus setzen. Ich zieh das jetzt durch!« Zum Glück geht uns beiden recht bald die Puste zum Streiten aus, und den Rest des Weges bis Bozen ist Schweigen Gold.

Mit vor Anstrengung schlotternden Beinen erreichen wir in der beginnenden Abenddämmerung Bozen. Auch jetzt ist es noch extrem schwül in der Stadt. Ein Versöhnungsbier ist das Erste, was wir hier anstreben. Wie herrlich! Kurzärmelig sitzen wir auf Plastikstühlen vor einer kleinen Pizzeria und genießen die laue Sommernacht. Wir haben es geschafft. Fast. Einen Schlafplatz brauchen wir noch. Die Hotels in der Stadt sind für uns unbezahlbar, also schleppen wir uns noch ein paar Kilometer weiter zum Campingplatz. Türkisgrün leuchtet hier der von innen angestrahlte Swimmingpool. Morgen werden wir ihn nutzen. Jetzt wollen wir nur noch schlafen. Insgesamt stecken heute inzwischen 28 Kilometer in unseren Beinen, und unsere Knie mussten einen steilen, teilweise weglosen Abstieg von 2314 Höhenmetern am Stück verkraften. Das schreit nach Erholung, und wir beschließen, drei Tage lang hier in Bozen Faulenzerferien zu machen. Wir wollen uns Fahrräder ausleihen und die Stadt im Sattel erkunden, im Pool planschen, ausgiebig essen, Postkarten schreiben, unseren Internetblog vervollständigen ... einfach Urlaub machen – wie alle anderen um uns herum auch. ✳

Wie gemalt: das hügelige Weideland der Seiser Alm in seinen
Grünschattierungen

Ein Musikant im Weingarten

Über die Sarntaler Alpen ins Vinschgau

Raus aus dem Dampfkessel Bozen, hinauf in die Sarntaler Alpen. Wir betreten eine vom Massentourismus bislang verschonte jahrhundertealte Kulturlandschaft. Zwischen weidendem Vieh wandern wir, das sagenhafte Dolomitenpanorama vor Augen, nach Meran, wo unsere Motivation in der flimmernden Hitze des Vinschgaus dahinzuschmelzen droht.

Um zehn Uhr vormittags zeigt das Thermometer an der Außenmauer des Rezeptionsgebäudes bereits 29,5 Grad an. Meine Beine baumeln noch im kühlen Wasser des Campingplatzpools, aber der gepackte Rucksack hinter mir mahnt zum Aufbruch. Wenn wir in Bozen nicht versumpfen wollen, müssen wir schleunigst diesen Hitzekessel verlassen und in die Berge zurückkehren. Außer uns bewegt sich niemand, als wir in der prallen Sonne zwischen Weinreben und Kiwibäumen unseren Weg hinauf in die Sarntaler Alpen suchen. Der Aufstieg ist schweißtreibend. Am Wegesrand lockt eine Holzbank mit der in die Rückenlehne geschnitzten Aufforderung: »Kimm her, huk di nieder.« Wir widerstehen, denn die Bank steht direkt in der Sonne. Erst auf der schattigen Terrasse des Gasthauses Locher legen wir eine Apfelsaftpause ein. Ungefragt rückt unser Tischnachbar mit seinem Achterlglas zu uns herüber und beginnt eine Litanei über die politische Situation Südtirols. »Wir sind keine Italiener«, eifert er sich. »Wir Südtiroler haben eine ganz andere Mentalität!« Er plädiert für eine »Wiedervereinigung mit Österreich nach deutschem Vorbild« und bedauert, dass die österreichischen Politiker Südtirol »nicht mehr mögen«. Wir lenken schnell von diesem heiklen Thema ab, denn politische Diskussionen mit weinseligen Patrioten sind in dieser Affenhitze einfach unzumutbar.

Erst in 1000 Metern Seehöhe werden die Temperaturen erträglich. Ab jetzt macht auch das Wandern wieder Spaß, und unsere Beine bewegen sich wie von selbst über märchenhafte Lärchenwiesen. Von hier oben blicken wir zurück auf die Berge der Dolomiten, in denen wir in den Tagen zuvor unterwegs waren. Freundlich grüßen uns entgegenkommende Reiter von ihren Pferden herunter,

Ein geradezu perfekter Zeltplatz in den Sarntaler Alpen bei der Langfenn-Alm (S. 94/95) Aus den Sarntaler Alpen blicken wir zurück auf die Dolomiten (oben). Die Gegend hier wird vor allem als Weideland genutzt (unten).

vereinzelt sind außer uns auch andere Wanderer und Mountainbiker unterwegs, nicht zu vergleichen jedoch mit den Touristenhorden in den Sextner Dolomiten. Diese Ruhe überträgt sich offenbar auch aufs Weidevieh, denn friedlich grasen Schafe, Pferde und Kühe nebeneinander. »Almen sind die Sonnenterrassen Südtirols«, heißt es auf einer Informationstafel am Wegesrand. »Die über 100 verschiedenen Kräuter, Gräser und Blumen sorgen für eine besondere Alpenmilch und einzigartigen Alpkäse«, steht dort außerdem. Das können wir bestätigen: Die frische Milch, die wir hier in den Almwirtschaften bekommen, ist wirklich ein Labsal.

Eine der schönsten Nächte während der Wien-Nizza-Wanderung verbringen wir auf einer Wiese unweit vom Gasthof Langfenn am Salten. Schüchtern fragen wir die Besitzer, ob wir unser Zelt auf ihrer Weide aufbauen dürfen. Aber wie schon oft zuvor begegnen uns die Südtiroler mit unkomplizierter, ehrlicher Freundlichkeit: Natürlich dürfen wir zwischen den alten Lärchen unser Nachtlager aufschlagen. Selig sitzen wir nun im Lichtstrahl der schon tief stehenden Sonne vor dem Zelt, über uns tanzen Mückenschwärme in der lauen Luft, am Horizont versinkt die Silhouette der Berge in sämtlichen Schattierungen von Blau. Dies ist wieder ein Moment, der sich fest in unseren Herzen und Gedanken einnistet.

Auf der 2003 Meter hohen »Großen Reisch« suche ich Steine. Es ist gar nicht so einfach, hier oben welche zu finden, denn die meisten sind schon in die großen »Steinmänner« eingebaut. Auf dem weitläufigen Gipfel stehen Hunderte dieser geheimnisvollen Gestalten, teilweise sind diese »Stoanernen Mandln«, wie sie in Südtirol heißen, zwei Meter hoch. Die ältesten haben angeblich schon die Kelten errichtet, und die Legenden erzählen, dass einst die Hexen zwischen den Steinmännern ihr Unwesen trieben. Für viele Wanderer, so auch für uns, ist der flache Almrücken ein spezielles Ausflugsziel, und jeder hinterlässt gerne seinen persönlichen Wächter hier oben. Aber mit meiner Handvoll Geröll reicht es schlussendlich nur zum »Stoanernen Zwerg«.

Wir nähern uns Meran. Von den Höhenwegen aus können wir schon auf die großen, monotonen Obstplantagen und Weingärten hinunterblicken. Die Beregnungsanlagen knattern gleichmäßig im selben Takt und verteilen ihr kostbares Gut über die Pflanzen.

Immer wieder erfrischen wir uns in den Bewässerungsgräben entlang
der Waalwege.

Regenbogenfarben bricht sich das Sonnenlicht im verstäubten Wasserdampf. Wir gehen auf sehr alten, steingepflasterten Pfaden hinunter und merken deutlich, wie es mit jedem Schritt wieder wärmer und drückender wird. Es fühlt sich noch tropischer an als wenige Tage zuvor in Bozen. Zum Glück finden wir schnell eine preiswerte Pension, legen die Rucksäcke ab, wechseln von den festen Bergschuhen auf die weichen Crocs-Schlappen und starten zum Stadtbummel.

Der Botanische Garten mit seinen alten, hohen Bäumen und den zahlreichen Zierteichen und Springbrunnen ist bei der Hitze ein optimales Ausflugsziel. Wir sitzen im Schatten einer hohen Palme und beobachten die vorbeiflanierenden Touristen. »Wie gehen wir übermorgen eigentlich weiter?«, überlegt Anita. »Vielleicht auf dem Meraner Höhenweg? Oberhalb des Vinschgaus können wir doch ein paar Etappen von Hütte zu Hütte wandern.« »Ja, das wäre eigentlich auch meine Wunschvariante.«

Abends richten wir uns mit Vino rosso aus dem Tetrapak in unserem Zimmerchen ein, schalten das Notebook an, breiten die Karten aus und planen die weitere Route. »Oje, den Meraner Höhenweg können wir uns abschminken«, stelle ich fest und zeige Anita die letzten Wettermeldungen aus dem Internet: »In Italien stellt man sich zurzeit auf die erste Rekordhitze des Sommers ein. Bis auf 40 Grad wird das Thermometer in den kommenden Tagen klettern. Einige Regionen riefen bereits den Hitzenotstand aus …«, heißt es dort. Dazu soll es immer wieder heftige Gewitter geben. »Ich glaube, wir sollten uns in den nächsten Tagen nicht im Hochgebirge aufhalten.« Wir verzichten also auf den Höhenweg und suchen nach einer Alternative. Diese finden wir im Tal des Vinschgaus. Aber nicht unmittelbar im Talboden, sondern knapp darüber, auf den sogenannten Waalwegen. Diese teilweise 200 Jahre alten Wirtschaftswege verlaufen entlang der »Waale«, der Bewässerungsgräben durch die Weingärten. Wegen der besonderen geografischen Lage sind die Niederschlagsmengen hier im Südtiroler Vinschgau so gering, dass die Landwirtschaft auf eine künstliche Bewässerung angewiesen ist. Aus diesem Grund entstand hier eines der ausgedehntesten Bewässerungssysteme in den Alpen.

Die Zikaden brüllen, zumindest kommt es uns so vor. Hier in den Weinbergen scheint es außer ihnen kein weiteres Getier zu geben. Unterm Blätterdach der Reben ist es zwar auch noch drückend heiß, aber wenigstens können wir uns jederzeit im Wasser am rechter Hand plätschernden Bewässerungsgraben erfrischen.

Die Wege sind einfach, und wie mechanisch gehen wir dahin. Fast unmerklich mischt sich mehr und mehr ein Instrument in das Zikadenkonzert. Jetzt hören wir es deutlich: eine Mundharmonika. Mundharmonikamelodien im Grünen? Hatten wir auf dieser Reise doch schon. »Das gibt es doch nicht!«, wundere ich mich verblüfft. »Ist der uns nachgelaufen?« Wir biegen um eine Kurve – nein! Es ist ein anderer. Aber die Ähnlichkeit mit dem Mundharmonikaspieler in den Gesäusebergen ist verblüffend. Es ist wieder ein älterer Herr, der aber hier am Wegesrand auf einem Bankerl sitzt und musiziert. Eine bekannte Melodie: »La Montanara«. Fehlerfrei. Ist er Profi oder Aufschneider?, fragen wir uns, denn neben sich auf der Sitzfläche hat er sieben weitere Mundharmonikas fein säuberlich aufgereiht. Für uns sehen sie alle gleich aus, aber wahrscheinlich täuscht das. Wir bleiben stehen, lauschen seinem Ständchen bis zum Schluss und bedanken uns mit Applaus. Seine mageren Arme gestikulieren auf und nieder, von rechts nach links, während er uns eifrig erklärt, wie sich die Töne im Freien, also hier im Weingarten, von der Musik im Tonstudio unterscheiden. Verstärker schätzt er offensichtlich nicht: »… wie sie es heute so haben. Drei, vier Musiker zusammen, mit den elektrischen Anlagen und so. Na, na, na …«, brummelt er vor sich hin.

Im Vinschgau gelangen wir zum Schloss Juval. Der Schlossherr ist zu Hause, deswegen dürfen wir nicht hinein, das ist nun mal so. Dem Reinhold Messner ist es im Hochsommer in Bozen zu heiß, da wohnt er lieber in seinem Schloss. Nur im Frühling und im Herbst können Touristen das Museum besichtigen. Ich habe es mir auf vorherigen Südtirolreisen angeschaut und bin sehr begeistert, wie stilvoll, schön und interessant Herr Messner seine Museen eingerichtet hat. Er empfängt uns also nicht – auch gut, so kehren wir halt bei seinem Nachbarn ein, dem Schlosswirt Juval knapp unterhalb des Schlosses. Es gibt Spinatnockerln mit Salat, hausgemacht und liebevoll dekoriert. Wandererherz, was willst du mehr? Schatten!

Trotz der einfachen Wege stoßen wir hier im Vinschgau wieder einmal an unsere körperlichen Grenzen. Es ist so heiß, jetzt am Nachmittag glüht die Luft bei 39 Grad im Schatten. Erschöpft sinken wir auf die nächste Bank, brechen fast zusammen. Anita klagt schon die ganze Zeit über Kopfschmerzen, vielleicht müssen wir noch mehr trinken. Heute ist erst der 10. Juli, der Hochsommer kommt also eigentlich erst noch. Wie heiß will es denn noch werden? Wie sollen wir das nur aushalten? Wir können nicht mehr. Mal wieder schlittern wir in ein absolutes Motivationstief. Vielleicht sollten wir doch einmal eine kurze Strecke mit der Bahn fahren, um aus dem Vinschgau rauszukommen.

Fix und fertig kommen wir in Goldrain am Campingplatz an. Und obwohl wir das Zelt erst in der Abenddämmerung aufbauen, ist es da drinnen im Nu stickig und heiß. »Vergiss es! In der Hundehütte schlaf ich heut Nacht bestimmt nicht!«, faucht Anita. Sie schläft ohnehin viel lieber draußen unter freiem Himmel, nimmt ihre Isomatte und ihren Schlafsack und richtet sich am Beckenrand des Swimmingpools ein. Gut, denke ich, mehr Platz für mich. Das bleibt jedoch nicht lange so. Mitten in der Nacht zucken gleißend hell die Blitze aus düsteren Wolkentürmen, und keine zwei Sekunden später, mit den ersten Regentropfen, stopft Anita zuerst ihren Schlafsack ins Zelt und krabbelt schließlich selbst hinterher. Gerade rechtzeitig, denn der Himmel öffnet mal wieder alle Schleusen. Beide liegen wir nun hellwach auf dem Rücken in unserer Plastiksauna und beschließen: »Raus aus dem Vinschgau mit seiner Hitze und den unberechenbaren Gewittern! Gleich morgen früh!« ✼

»Stoanerne Mandln« auf dem Gipfel der Großen Reisch (oben). Die schattigen
Waalwege erleichtern uns das Wandern im heißen Vinschgau (unten).

Audienz bei König Ortler

Am Ortler vorbei durch die Bernina ins Bergell

Es bleibt eine Reise der Extreme. Nach dem kurzen Südtiroler Hochsommer plagt uns nun wieder Dauerregen. Namhafte Gipfel und große Gletscher bleiben in Wolken verborgen, aber herzliche Begegnungen und idyllische Naturparadiese machen auch diese Wanderetappen zu einem unvergesslichen Erlebnis.

Unser 54. Tag beginnt mit einer Zugfahrt. Das erste Mal nach Wien gehen wir nicht zu Fuß. Da wir uns die letzten Tage im Vinschgau am Ende unserer Motivationskraft sahen, haben wir entschieden, den »Straßenhatscher« zwischen Goldrain und Trafoi aus dem Zugfenster zu betrachten. Anfangs fühlen wir uns seltsam, fast wie Verräter, aber schon bald genießen wir erleichtert die Fahrt durch das brütend heiße Vinschgau, wir ersparen uns endlose Wanderkilometer auf Asphalt bei 40 Grad im Schatten.

Nach der entspannten Fahrt starten wir hoch motiviert unseren Aufstieg zum Stilfser Joch. Ein abwechslungsreicher, aber steiler Bergpfad führt uns hinauf zur 2843 Meter hohen Piz da las Trais Linguas, der Dreisprachenspitze. Die Verbreitungsgebiete der italienischen Sprache (lombardischer Dialekt), der deutschen (Tiroler, Südtiroler Dialekt) und der rätoromanischen (Unterengadiner/Münstertaler Dialekt) treffen hier aneinander.

Bis zur Abtretung Südtirols an Italien war hier das Dreiländereck Schweiz – Österreich – Italien, eine im Ersten Weltkrieg schwer umkämpfte Hochgebirgsregion. Österreich-Ungarn befand sich im Osten und Italien im Westen, dazwischen lag eine Ausbuchtung des Schweizer Staatsgebiets – was manchmal dazu führte, dass sich die im Krieg liegenden Staaten Österreich-Ungarn und Italien sprichwörtlich über die Köpfe der nicht in die Kampfhandlungen involvierten Schweizer Grenzsoldaten hinweg bekämpften.

Wir erhaschen Blicke auf die mächtigen weißen Gletscherpanzer der Ortlerberge, aber auch auf die kühn in den Berghang gebaute Passstraße. In unzähligen Serpentinen mit engen Kurven schlängelt sie sich hinauf zum Stilfser Joch in 2757 Metern Höhe.

Blick auf den dicht von Wolken umhüllten Ortler vom Stilfser Joch aus (S. 104/105). Die Gletscher der Ortlerberge scheinen zum Greifen nahe (oben). Endlich oben angekommen: Rush hour am Stilfser Joch (unten)

Die höchstgelegene Passstraße Italiens ist ein beliebtes Ausflugsziel. Jetzt im Hochsommer herrscht reger Verkehr am Stilfser Joch. Rudelweise strampeln die in bunte Trikots gepressten Rennradler hinauf, Motorradfahrer legen sich waghalsig in die Kurven, ein auf Hochglanz polierter schwarzer Porsche führt mit dröhnendem Motor die Kolonne der Möchtegern-Rallyefahrer an, die im Stilfser Joch offenbar den Zieleinlauf eines Grand-Prix-Rennens sehen. Alle sind sie da – nur keine Fußgänger. Anita und ich sind hier oben die Einzigen in Wanderschuhen. Deftiger Grillgeruch zieht von »Richards Wurststandl« zu uns herüber, während wir an den drehbaren Postkartenständern der zahlreichen Souvenirshops vorbeischlendern.

Beim Nachmittagskaffee im Passrestaurant meint Anita, ob wir nicht hier oben im Rifugio Garibaldi wegen einer Übernachtungsmöglichkeit nachfragen sollen. Aber die kleine Burg unweit der Passhöhe sieht teuer aus. »Ich glaub, das können wir uns sparen«, vermute ich, »hast du nicht die Schweizer Flagge davor wehen sehen?« Wir gehen trotzdem hinüber zu dem feudal scheinenden Steingebäude. Gerade als wir dem nur italienisch sprechenden Wirtspaar unsere Frage nach den Zimmerpreisen vortragen, mischt sich ein anderer Hüttengast in unsere gestenreiche »Verhandlung« ein. Es ist Franco. Seit 40 Jahren kommt er als Stammgast in das Rifugio Garibaldi, und als Südtiroler Ladiner spricht er neben Ladinisch und Italienisch auch ein wenig Deutsch. Er übersetzt für uns die Antwort des Hüttenwirtes. »Übernachtung mit Frühstück und Abendessen kostet 65 Euro pro Person«, sagt er. Ich bin überrascht. »Das sind ja ganz passable Preise, wenn man bedenkt, in welcher Gegend wir hier sind. Natürlich bleiben wir heute Nacht hier.« In Francos Gesellschaft verbringen wir einen unterhaltsamen Abend. Er kennt sich in der Gegend sehr gut aus und berät uns bei der Routenplanung. Damit wir nicht gleich wieder ins Tal absteigen müssen, um Proviant zu besorgen, schenkt er uns Brot, Speck und Kuchen für den nächsten Tag. Außerdem informiert er die gesamte Hüttenbelegschaft über unsere Wanderung, was uns einen kleinen Heldenstatus verschafft. Im neuen Gästebuch sollen wir uns unbedingt auf die erste Seite eintragen. Eine Wanderkarte bekommen wir geschenkt, und für Kost und Logis berechnet der Wirt schlussendlich einen »Sonderpreis für Fernwanderer«. Schon verrückt, wie wohlwollend wir im Rifugio Garibaldi aufgenommen werden und wie hilfsbereit sich hier fremde Menschen um uns kümmern, als wäre es das Selbstverständlichste der Welt. Zum Glück waren wir uns dreist genug und haben uns getraut, das »Castello« zu betreten.

»Es begann zu regnen, als mein Freund Werner und ich die steile Straße vom Vinschgau hinauf nach Sulden kurvten. König Ortler war tief in graue Wolken gehüllt, während wir unsere schweren Rucksäcke zur Tabarettahütte hinaufschleppten. Schon schien es, als hätten wir diese lange Reise umsonst gemacht, da lichtete sich die graue, nebelschwere Wolkendecke und gab den Blick zur Ortler-Nordwand frei.« So beginnt ein Artikel, den ich vor fast 30 Jahren nach einer gelungenen Durchsteigung der Ortler-Nordwand für die Zeitung des Österreichischen Touristenclubs schrieb. Heute haben wir kein Glück, der Ortler versteckt sich hinter dichten Wolken. Es ist an diesem Morgen ein im wahrsten Sinne des Wortes stürmischer Abschied von Franco und dem Hüttenpersonal. Heftige Sturmböen reißen an der roten Flagge mit dem weißen Kreuz und fegen den Milchschaum vom Cappuccino, den das Zimmermädchen eigentlich hier draußen genießen wollte. Wir sehen es, wir spüren es: Das Wetter schlägt wieder einmal um, das ist offensichtlich an diesem Morgen. Trotzdem brechen wir auf. Wir stemmen uns gegen den Sturm, kämpfen uns durch bis zum Umbrailpass auf 2501 Mctern Höhe. Hier bewegen wir uns unmittelbar an der Grenze zwischen Schweiz und Italien. Unterschiedlicher können Grenzgebäude kaum aussehen. In Italien nagt der Zahn der Zeit an den Baracken, von der Fassade bröckelt der Putz, das rostige Blechdach ist bereits mehrfach geflickt. Das »Grenzhüsli« hingegen, nur wenige Schritte weiter im Schweizer Hoheitsgebiet, präsentiert sich blitzblank und ordentlich sauber.

Wir erreichen gerade ein altes, verfallenes Kriegsgebäude am Sattel Bocchetta di Forcola, als es anfängt zu schütten. Also schlüpfen wir schnell in dieses dunkle Gemäuer, um uns regenmäßig zu adjustieren. Wir packen den Rucksack in die Regenhülle, ziehen unsere Gore-Tex-Hosen an und werfen den Regenponcho über uns. Von der schimmligen Decke tropft Wasser und klatscht mit hohlem Echo auf den Betonboden, während draußen der Wind den Regen waagerecht vorbeipeitscht. Nun stehen wir hier und wollen nicht mehr hinaus. Unschlüssig treten wir von einem Bein aufs andere. Aber je länger wir bewegungslos verharren, desto kälter wird uns. Die Feuchtigkeit kriecht unter unsere Kleider. Es ist ein absoluter Unort hier in dieser Kriegsruine. Und so tun wir, was zu tun ist, denn zumindest in diesem Moment haben wir keine Alternative. Wir gehen hinaus in den Regen, glauben fest daran, dass es bald wieder besser wird. Glauben daran, dass wir es schaffen werden, unser Ziel irgendwann zu erreichen. Mal ehrlich, so wirklich unangenehm ist ja eigentlich nur die Phase des »Nasswerdens«, dieser relativ kurze Zeitraum, in den man vom trockenen in den nassen Zustand wechselt. Diese 45 Minuten, in denen man spürt, wie das Wasser langsam zwischen Rucksack und Rücken hinabsickert, weil der Regenponcho doch nicht so dicht ist, wie der Verkäufer versicherte. Wo man merkt, dass sich die Socken, in den »100 Prozent wasserfesten Schuhen mit Super-Hightech-Membran«, langsam und unerbittlich mit mehr und mehr Wasser vollsaugen. Da gibt es noch Widerstand. Aber wenn man dann einmal so richtig klatschnass ist, nimmt man die Angelegenheit eigentlich nur noch mit einer guten Portion Galgenhumor:»Ist ja nur Wasser«, sage ich mit gekünstelt entspannter Miene.»Trocknet ja wieder«, ergänzt Anita. Wir halten uns gegenseitig bei Laune.

Aber zum Lachen ist uns mittlerweile nicht zumute. Seit sechs Stunden schleppen wir uns nun schon durch den strömenden Regen. Wir sind nass, uns ist kalt, und wir wissen noch nicht, wo wir heute Nacht schlafen können. Auf meiner Wanderkarte ist keine Hütte oder sonstige Unterkunft eingezeichnet. Sicher, wir haben das Zelt als Notquartier dabei. Aber eine Zeltnacht bei diesem Wetter? Überleben würden wir es schon, aber vorstellen möchten wir uns das nicht. Müssen wir auch nicht, denn direkt hinter der wuchtigen Betonmauer des aufgestauten Lago Di Cancano taucht die Rettung in Form des Rifugio Scala auf. Wir sind unendlich froh, nach diesem trostlosen Wandertag eine warme, trockene Unterkunft und gutes italienisches Essen zu bekommen.

Aber so richtig glücklich sind wir trotzdem nicht an diesem Nachmittag. Uns bedrückt eine Sorge: mal wieder die Zeitfrage. Eigentlich wollten wir heute viel weiter kommen. »Sind wir zu langsam?«, fragen wir uns. »Geht sich das alles überhaupt aus?« Nach wie vor können wir es kaum einschätzen, ob wir Nizza in der uns verfügbaren Zeit tatsächlich erreichen können.

Am nächsten Tag ist das Wetter etwas besser, und auf einfachen Wanderwegen spazieren wir durchs Val Viola nach Arnoga. Eine braune Ziege kommt uns entgegen. Dann eine zweite, eine dritte und mit ihnen eine alte Bäuerin. Sie bleibt stehen, mit ihr die kleine Ziegenherde. Im Nu umspringen uns die Jungtiere neugierig. Die Frau ist kaum größer als ihre Tiere, sie stützt sich auf einen einfachen Holzstock. Ein rotes Kopftuch bedeckt die grauen Haare, die Füße stecken in derben, ausgelatschten Lederschuhen. Zahnlos

Die Sommeralm Prabello liegt noch in Italien (oben), die Violaseen schon
in der Schweiz (unten).

lächelt sie uns warmherzig an. »Buon giorno!« Leider beschränken sich damit auch schon fast unsere Italienischkenntnisse. Aber mit Händen und Füßen kann man sich ja überall auf der Welt verständigen. »Latte? Formaggio?«, fragt Anita, auf die Ziegen zeigend. »No, no«, schüttelt das Weiblein den Kopf und gibt uns zu verstehen, dass sie von der Milch der Ziegen keinen Käse macht, sondern dass diese die Jungtiere, die »Bambini«, bekommen. Liebevoll zupft sie einer ihrer Ziegen am Bart, die das auch offensichtlich genießt. Ob wir aus »Germania« kommen, fragt sie. »Austriaco«, antworten wir. Mit dem Zeigefinger klopft sie sich sanft gegen die Brust, deutet auf ein kleines Dorf am Berghang, wir verstehen – dort lebt sie, und wendet sich ihrem Weg zu. Zehn Minuten lang haben wir uns unterhalten und angestrahlt, nun geht jeder wieder.

Hier im südlichen Engadin haben wir die längste zusammenhängende Schlechtwetterphase. Es hört fast nicht mehr auf zu gießen. In den kurzen Regenpausen ziehen wir den Poncho gar nicht erst aus, sondern klappen ihn einfach über den Kopf nach hinten auf den Rucksack. So können wir ihn bei der nächsten »Dusche« schnell wieder zurückklappen. »Regenponcho-Cabrio-Technik« nennen wir unsere doch geniale Erfindung.

Die Natur im hinteren Teil des Violatales ist wild und ursprünglich. Reißende Wildbäche brodeln durch schmale Schluchten, an deren steilen Felswänden sich alte, knorrige Tannen festkrallen. In zahlreichen Kaskaden donnert das Wasser weiß schäumend in die Tiefe. Erst kurz vor dem Rifugio Federico weitet und beruhigt sich das Tal wieder. Hier übernachten wir. Erstaunlich finde ich, wie viele meiner Bergführerkollegen als Hüttenwirte arbeiten. Auch Adriano vom Rifugio Federico ist Bergführer. Wir sind die einzigen Gäste in dieser gemütlichen Hütte und fragen Adriano, ob hier immer so wenig los ist oder ob es am schlechten Wetter liegt. Er grinst breit: »Ich mache keine Werbung. Viele Gäste – viel Arbeit!« Uns möchte er aber gar nicht mehr gehen lassen. »Warum bleibt ihr nicht einfach eine Woche hier, und wir gehen zusammen klettern? Ausrüstung hab ich genug.« Zugegebenermaßen ein verlockendes Angebot. Ich würde gerne für ein paar Tage die Wanderschuhe gegen Kletterpatschen eintauschen, zumal wir uns auch in dem neu eingerichteten Rifugio sehr wohl fühlen. Aber im Dauerregen

Im Städtchen Caspoggio mit seinen verwinkelten Gassen pausieren wir, ehe wir weiter nach Chiesa marschieren (oben). Typisch für die Alpe Prabello sind die mit Granitplatten gedeckten Häuser, die wie hingestreut scheinen (unten).

macht Klettern keinen Spaß, und so begnügen wir uns mit ein paar »Trainingseinheiten« an Adrianos Kletterwand auf dem Dachboden.

Über den Violapass geht es für uns dann am nächsten Tag weiter in die Schweiz, und bei den Violaseen kommt sogar hoffnungsvoll die Sonne zwischen den Wolken hindurch. In allen Abstufungen von Türkis leuchten die Bergseen jetzt.

Wir sehen es, und wir spüren es im Geldbeutel: Wir sind in der Schweiz. Zwei Cappuccino kosten neun Franken. Hier in Poschiavo führt unser erster Weg, wie immer nach mehreren Tagen in den Bergen, direkt hinein in den Supermarkt der Stadt. Wir stehen vor den gut gefüllten Regalen, und uns gehen regelrecht die Augen über. Wir brauchen plötzlich alles, was wir in den vergangenen Tagen entbehren mussten. Joghurt, Kekse, Schokolade, Bier und vor allem frisches Obst und Gemüse. Eine Honigmelone landet in unserem Einkaufskorb, Äpfel und Tomaten dürfen nicht fehlen. Käse, Wurst, Brot. Wir kaufen wie immer viel zu viel. Seit Beginn der Reise kriegen wir das nicht in den Griff. Das wäre ja auch kein Problem, wenn wir ein Auto dabeihätten. Aber als Fußgänger und Rucksackträger müssen wir natürlich alles, was wir heute Abend nicht aufessen können, morgen als zusätzliches Gewicht mittragen. Jetzt schleppen wir unsere Schätze erst mal an den Ortsrand von Poschiavo zum Campingplatz. Dieser vermietet auch ein kleines Apartment. Am rustikalen Esstisch speisen wir fürstlich, und später raufe ich mir wieder einmal, über Landkarten gebeugt, die Haare.

Die Herausforderung besteht für mich nicht darin, überhaupt einen Weg zu finden beziehungsweise mich nicht zu verirren. Meiner Meinung nach kann man sich im Sommer auf Wanderwegen nicht wirklich verirren. Man geht vielleicht ein wenig ungünstig, nicht so ideal wie geplant, was aber noch lange nicht heißt, dass ich nicht weiß, wo ich bin. Die Herausforderung besteht vielmehr darin, einen interessanten, schönen Weg zum Wandern zu finden. Vor allem keine langen Abschnitte auf Straßen, was uns auch weitgehend gelingt. Natürlich können wir auch nicht über alle Gipfel hinwegwandern, denn das würde die Reise in puncto Zeit und Strecke verdoppeln. Mir bleibt also nichts anderes übrig, als Tag für Tag unsere Route neu zu finden.

Da wir großräumig den Comer See ansteuern, führt unser Weg nur drei Tage lang durch die Schweiz. Am Passo da Canzian überschreiten wir ganz ohne Reisedokumente-Kontrolle die Grenze Schweiz – Italien. Doch wir haben ein reines Gewissen, wir haben ja »… keine Waren dabei, die wir bei der Einreise nicht dabeigehabt haben«. Nur leider hört der Regen überhaupt nicht mehr auf. Anita sehe ich als flatternden roten Regenponcho über sumpfige Wiesen und zahlreiche Bächlein springen. Aber ans Aufgeben, wie bei unserer Krise am Pordoijoch, denkt inzwischen keiner mehr von uns. Das Handtuch werfen, nur weil wir wieder einmal nass werden? Also nur aus Bequemlichkeit? Kommt für uns jetzt, wo wir doch schon so weit gekommen sind, nicht mehr infrage. Wir wissen ja auch, dass wir in einer sehr schönen Gegend unterwegs sind. Die Wolkendecke bräuchte sich nur ein bisschen zu heben, dann könnten wir die Gletscher hier im südlichen Engadin sehen. So können wir sie nur an der Temperatur erahnen, an der Kälte, die durchaus ein wenig unheimlich durch den Nebel zu uns vordringt.

Aber die schönen Flecken kommen mit motivierender Regelmäßigkeit, wie hier beim Rifugio Christina auf der Alpe Prabello. Klatschnass gehen wir hinein, wir bekommen ein trockenes Zimmer und warmes Essen. Sind diese Grundbedürfnisse einmal gesichert, sind wir mittlerweile höchst zufrieden. Mehr brauchen wir gar nicht mehr. Und wenn dann am nächsten Tag sogar die Sonne hervorkommt, dann ist alles perfekt. Die Alpe Prabello, eine Sommeralm, ist ein Ort wie aus einer anderen Welt. Zwischen steinplattengedeckten Häusern weiden scheue Pferde, vereinzelte Hühner suchen im Gras nach Schnecken, und ein kleiner Hund jagt verspielt einer laut meckernden Ziegenherde hinterher. Unter einem Dachgiebel hängen Käsereitücher zum Trocknen in der Sonne, Milchkannen lehnen ordentlich aufgereiht darunter an der Wand. Dieses kleine Paradies mit seinen Tieren und den alten Alphütten ist ein absolutes Highlight auf unserer Reise über die Alpen. Ein Ort der Ruhe und Kraft, an dem wir Energie tanken für den Weg, der noch vor uns liegt.

Am nächsten Morgen müssen wir uns richtig losreißen von der Alpe Prabello. Immer wieder bleiben wir stehen, drehen uns um, um noch einmal einen letzten Blick auf dieses außergewöhnliche Fleckchen Erde zu erhaschen.

Nach einem erfreulich sonnigen Tag in Chiesa angekommen, fragen wir einen älteren Herrn, ob es hier in der Stadt einen Zeltplatz gibt. »Si, si. Ja, es gibt einen wunderschönen Campingplatz hier. Ganz in der Nähe, nur acht Kilometer außerhalb des Ortes«, lautet seine Empfehlung. Das ist ein gut gemeinter Rat, aber für Autofahrer. Wir können beim besten Willen nicht noch weitere acht Kilometer dranhängen und suchen uns ein Zimmer im Ort.

Auf der Strecke von Chiesa zum Rifugio Bosio betreten wir die Märchenlandschaft des Bergells. Farbig leuchtende Granitblöcke

Wir nähern uns dem Bergell. Wuchtige Granitgesteinsblöcke liegen vor dem Rifugio Bosio.

Neuschnee am Sentiero Roma zwingt uns, die Route zu ändern
(oben und unten).

liegen, wie von Riesen hingeworfen, auf den sattgrünen Matten des Valle Airale. Filigrane Lärchen säumen das Ufer des türkisgrünen Torreggio-Baches. Diese traumhafte Gegend scheint uns für unseren 60. Gehtag belohnen zu wollen.

Wir planen, das Bergell auf dem Sentiero Roma hoch über dem Val di Mello zu durchwandern. Von Hütte zu Hütte, fünf Tage lang. Als wir nachts im Rifugio Bosio in unseren Betten liegen, höre ich jedoch, wie draußen schon wieder der Regen aufs Dach trommelt. Mir ist klar, dass es bei den momentanen kalten Temperaturen in höheren Lagen ziemlich sicher schneit. Die weiß bepuderten Gipfel bestätigen zwar am nächsten Morgen meine Befürchtung, aber wir brechen trotzdem in Richtung des gut 2836 Meter hohen Passo di Corna Rossa auf. Er wäre der erste von den zwei hohen Pässen, die uns auf diesem anspruchsvollen Höhenweg erwarten. Anfangs kommen wir gut hinauf. Doch dann wird der Schnee immer mehr und mehr. Nicht wirklich viel, jedoch genug, um die glatten Granitblockflächen richtig rutschig werden zu lassen. Bei trockenen Verhältnissen steigt, springt man einfach von Block zu Block. Aber jetzt kriechen wir teilweise auf allen vieren dahin und kommen nur extrem langsam vorwärts. Wir erkennen, unser Vorhaben gelingt nicht. Für 100 Höhenmeter brauchen wir eine Stunde. Und wer weiß, welche Verhältnisse uns auf der anderen Seite des Passes erwarten? Eine zweite »Reißkofel-Nordwand« möchten wir uns unbedingt ersparen, daher kehren wir nach vier Stunden schweren Herzens wieder um.

Anita möchte gerne zurück zum Rifugio Bosio, dort eine weitere Nacht verbringen und morgen weitergehen. Das kann ich nicht. Ich brauche das Gefühl, vorwärtszukommen, möchte an einem anderen Ort zu Bett gehen als tags zuvor. Ich überrede sie, mir zu folgen, denn auf meiner Karte ist noch ein niedriger gelegener Wanderweg eingezeichnet. Aber um diesen zu erreichen, müssen wir einen Großteil der heute schon zurückgelegten Strecke wieder zurückmarschieren. Landschaftlich ist auch unsere alternative Variante ein Genuss, trotzdem spricht Anita schon seit geschlagenen zwei Stunden kein Wort mehr mit mir, und es ist ein endlos langer, schweigsamer Abstieg ins Tal. Insgesamt beschert uns die Routenänderung eine 13 Stunden lange Tour, die erst in der Abenddämmerung im Rifugio Scotti endet, mit leider schmerzenden Knien bei Anita. Zum Glück kocht man für uns trotz der späten Stunde noch Spaghetti. Und wie um uns zu verhöhnen, vollführt der zappelige Kleinsthund des Hüttenbesitzers noch ein paar Turnübungen in unserer Gegenwart. Das ist dann doch zu viel für uns. Seine elastischen Dehn- und Streckübungen schauen wir uns nicht länger an, gehen aufs Zimmer und fallen todmüde auf schneeweißen Kopfkissen in einen achtstündigen Tiefschlaf.

Den Zeltplatz im Val di Mello teilen wir uns mit Klettersport-Begeisterten aus aller Herren Länder. Klimpernd baumeln die Karabiner und Klemmkeile an ihren Hüftgurten, während sie aufbrechen zu den fantastisch kompakten Granitfelswänden, an denen sie die Ziele ihrer Träume suchen. »Luna Nascente« oder »Oceano Irrazionale«, so klingen hier im Tal die poetischen Namen der Kletterrouten. Ich kenne dieses Klettermekka der Alpen aus vergangenen Jahren. So ist es für mich spannend, nach langer Zeit wieder einmal hier zu wandern. Als ich die orangeroten Granitwände wiedersehe, kribbelt es mir in den Fingern. Etwas sehnsüchtig blicke ich den Kletterern nach, und im Stillen nehme ich mir vor, bald wieder einmal hierherzureisen.

Das Val di Mello ist, ich kann es einfach nicht anders ausdrücken, ein Paradies. Eine Wasserwelt aus türkisfarbenen Seen und glasklaren Bächen, flankiert von steilen und hohen Granitnadeln, allesamt schwierige, beliebte Kletterziele. Im Talschluss wacht der schneebedeckte Monte Disgrazia. Das Tal ist so schmal, dass es morgens lange dauert, bis die ersten Sonnenstrahlen über die zackigen Felsen kommen. Aber die warten wir ab, weil unser Zelt an diesem Morgen klatschnass vom nächtlichen Tau ist. Wir haben es nicht eilig, denn unser heutiges Tagesziel heißt Rifugio Omio und ist in knapp vier Stunden und 1000 Höhenmetern zu erreichen. Während das Zelt dampfend in der Morgensonne trocknet, frühstücken wir ausgiebig frischen Schinken, Käse, Tomaten und Joghurt.

Am Passo del Oro verabschiedet sich das Bergellgebirge mit seiner alpinen Seite. Der kurze Anstieg am Morgen vom Rifugio Omio war noch harmlos. Doch der Abstieg auf die Ostseite der 2574 Meter hohen, tief eingekerbten Scharte führt über grobe, wackelige Granitsteinblöcke. Vorsichtig tasten wir uns hinunter, immer darauf bedacht, nicht mit einen Kubikmeter großen Gesteinsbrocken in die Tiefe zu poltern. Gut 1000 Meter tiefer leuchten die sattgrünen Almwiesen des Val Codera zu uns herauf.

Was für ein Kontrast, als wir Stunden später durch das Hochtal wandern! Kühe weiden, Menschen spazieren herum, Kinder spielen. In Bresciadega finden wir Unterkunft. Die Siedlung besteht nur aus einer Handvoll Häuser, die Versorgung erfolgt ausschließlich zu Fuß oder per Hubschrauber! Das Val Codera wird zum Ausgang hin zum engen Canyon, durch den nur schmale Steinstiegen bergab führen. Von hier ist es nur noch ein Katzensprung zum Comer See. ✳

Das Val Codera ist nur auf Schusters Rappen zu erreichen und bietet für uns als Wanderer eine Oase der Ruhe (oben). Nach Tagen in den Bergeller Bergen liegen uns der Lago di Mezzola und der Comer See zu Füßen (unten).

Ein Hauch
von Luxus

Oberitalienische Seen

Sommer, Sonne und Palmen warten bereits am Comer See auf uns. Wir freuen uns auf Badestunden mit italienischem Flair. Doch der Partyrummel auf den überfüllten Campingplätzen treibt uns schon nach wenigen Tagen in die Einsamkeit der Berge zurück.

So weit in den Süden sind wir gewandert, dass sogar schon Palmen wachsen, denken wir, als wir uns durch die schmalen Gassen der Ortschaft Dongo der Wasserlinie des Comer Sees nähern. Während des Abstiegs aus dem Val Codera konnten wir schon von weit oben einen Blick auf ihn werfen. In mattem Hellgrau, wie flüssiges Blei, schien er zusammen mit dem Lago di Mezzola die Talsohle auszufüllen. Jetzt, vom Ufer aus betrachtet, ist er tiefblau. Sanft klatschen kleine Wellen auf den kiesigen Strand vor unseren Füßen, und eine feine Brise trägt den typischen Sommerseegeruch, leicht modrig, muffig, an unsere Nasen. In der Seemitte dümpelt ein weißes Segelboot mit eingerolltem Tuch bewegungslos vor sich hin, nur der nackte Mast schaukelt langsam von rechts nach links. Flaute. Derartigen Stillstand kennen die Motorbootfahrer nicht. Laut heulen die Benziner, während sie, weißen Wasserschaum hinterlassend, ihre nutzlosen Kreise über die Seefläche ziehen. Auf das oberitalienische Seengebiet haben wir uns in den vergangenen Tagen schon sehr gefreut. Hier wollen wir jetzt ein bisschen den Sommer genießen, baden und uns ganz dem italienischen »Dolce Vita« hingeben.

Vom Campingplatz in Dongo können wir noch die Bergellberge erkennen, aus denen wir gerade kommen. Wir quetschen unser Zelt zwischen ein anthrazitfarbenes Luxuswohnmobil und einen »Extra large«-Wohnwagen inklusive dazugehörigem Allrad-Geländewagen. Die Satellitenschüssel des Wohnmobils spendet Schatten. Leicht wie Federn schlendern wir ohne unser Gepäck auf dem Rücken am Seeufer entlang. Alte, verschnörkelte Villen säumen unseren Weg, die Gärten üppig bepflanzt mit unterschiedlichen Palmenarten, Zitronenbäumen, bunt blühenden Rankpflanzen und hohen, schlanken Zypressen. Das mediterrane Klima hier lässt alles wachsen, was Wärme braucht, und wir freuen uns, mal etwas anderes als

---

Oberhalb des Luganersees bzw. Lago Lugano braut sich ein Unwetter zusammen (S. 122/123). Am Ufer des Comer Sees wachsen tatsächlich Palmen (oben). Unser Zelt ist ein gemütliches Refugium mit Aussicht (unten).

Weitläufige Höhenrücken liegen zwischen den oberitalienischen Seen vor uns.
Abstieg nach Lugano (oben und unten)

Latschenkiefern und Almwiesen zu sehen. In der Einfahrt vor einem schlossähnlichen Luxusdomizil parken zwei schwarze Limousinen mit verdunkelten Scheiben. Macht Madonna hier gerade Urlaub? Es soll ja einige Prominente hierher verschlagen, der Comer See diente ja auch oft als Filmkulisse für Hollywood-Produktionen, für uns bleiben sie unsichtbar.

Als wir vom Spaziergang zu unserem Zelt zurückkommen, stellen wir mit leichtem Grausen fest, dass in der Zwischenzeit noch mehr Urlauber auf dem ohnehin schon überfüllten Campingplatz eingetrudelt sind. Es herrscht geschäftiges Treiben. Vati rangiert den Wohnwagen rückwärts in den schmalen Stellplatz, Mutti trippelt hin und her, winkt fleißig und schreit dann: »Stopp!« Ihr Sohnemann im Teenageralter schaut gelangweilt in sein Smartphone, Kopfhörer schirmen ihn von der Außenwelt ab. Unsere Nachbarn rechter Hand stehen schon mit freien Oberkörpern neben ihrem Grill und beträufeln kantige Kohlestückchen mit Brennspiritus. Aus der Lautsprecheranlage eines nicht sichtbaren Autos dröhnt dumpfe Technomusik zu uns herüber.

Und später am Abend haben wir das Gefühl, inmitten einer Party gelandet zu sein. Musik so laut wie beim Livekonzert, Gelächter, Gekicher, laute Gespräche aus allen Richtungen. Was für ein Lärm! Nicht, dass wir nicht auch gern feiern, aber Party bis in die frühen Morgenstunden passt im Moment einfach nicht so ganz zu unserer Unternehmung. Wir wollen morgens fit und wach sein. Also packen wir am nächsten Tag übermüdet und zerknirscht wieder unsere Siebensachen zusammen und räumen das Feld.

Oberhalb von Dongo wird die Gegend wieder sehr ruhig. Unter Esskastanienbäumen wandern wir auf einer kurvigen Schotterstraße hinauf zum Rifugio San Jorio. Autoverkehr gibt es so gut wie keinen. Viele Häuser am Wegesrand sind verfallen, an anderen hängen Schilder in den Fenstern mit fett gedruckten roten Lettern: »Vendesi«. Zahlreich werden Häuser und Anwesen zum Kauf angeboten. Anscheinend will an den steilen Hängen weit oberhalb des Comer Sees niemand mehr dauerhaft leben. Vor einer zerfallenen Ruine, ohne Fenster und mit eingestürztem Dach, bleibt Anita stehen und mustert die zum Kauf angebotene Immobilie: »Na, das wäre doch was. Hier hätten wir unsere Ruhe. Und teuer ist es vermutlich auch nicht.« »Viel Glück!«, wünsche ich ihr. »Ich komme dann, wenn du mit dem Renovieren fertig bist.« Verlassen und verwaist scheint auch das Rifugio Giovo oberhalb der Baumgrenze. Ein hässlicher, schmutzig-grauer Betonbau, dessen Fenster und Türen mit dunkelgrünen Holzplanken verriegelt sind. Wie gut, dass wir hier nicht übernachten müssen. Umso freundlicher ist dann später der Empfang im Rifugio San Jorio. Die Hütte, vor allem das Matratzenlager, ist zwar eiskalt, aber die vier Frauen, die hier wirtschaften, bringen mit ihrer herzlichen Art genug Wärme hinein, dass wir uns hier trotzdem willkommen und wohl fühlen. Wir sind die einzigen Gäste, so haben sie viel Zeit, sich genauestens von unserer Reise berichten zu lassen. Und sie bereiten uns vor: »Die morgige Etappe zum Rifugio Gazzirola wird sehr lang«, meinen sie.

Der nächste Tag ist neblig, regnerisch und kalt. Wie schade, denn unser Weg führt oft direkt am Grat entlang über die mit hohem Gras bewachsenen Bergkämme. Bei schönem Wetter hätten wir einen traumhaften Blick über die Seenlandschaft unter uns. Aber nicht nur die getrübte Sicht erschwert uns das Vorankommen, die teilweise sehr steilen Wiesenwege sind durch den Regen gefährlich glitschig geworden. Falls wir hier ausrutschen, gibt es nichts zum Festhalten außer nassen Grasbüscheln. Regen prasselt auf uns nieder, während wir uns vorsichtig auf unserem schmalen Pfad vorwärtstasten.

Durch eine Wolkenlücke hindurch sehen wir dann schon von Weitem unser heutiges Tagesziel, das Rifugio Gazzirola. Einige Gräben und Bergrücken liegen jedoch noch dazwischen. Das zweistöckige graue Gebäude sieht zudem geschlossen aus, die braunen Fensterläden sind zu. »Ich krieg' die Krise«, murmelt Anita. Wir gehen trotzdem weiter. Aber erst drei Stunden später, als wir direkt davor stehen, bemerken wir erleichtert, dass einige Fenster doch offen sind. Ein Glück, denn in unseren Schuhen steht mal wieder einen Zentimeter hoch das Wasser. Aber wir sind inzwischen ganz gut in Übung. Bevor wir das Haus betreten, setzen wir uns auf die Stufen der Eingangstreppe, ziehen Schuhe und Socken aus und wringen aus Letzteren erst mal das Wasser. Erstaunlich, wie viel Flüssigkeit eine Merinowollsocke so aufsaugen kann. Erst danach gehen wir in unseren Crocs-Schlappen hinein. Einmal mehr sind wir die einzigen Gäste, extra für uns entfacht der Wirt ein Feuer im offenen Kamin. Es dauert eine gefühlte Ewigkeit, bis der große Speiseraum warm wird, daher haben wir unsere Stühle direkt vors Feuer gerückt und halten die nackten Füße der Glut entgegen. Auf

Die friedlich grasenden Pferde oberhalb des Luganersees scheinen gar keine Notiz von uns Zweibeinern zu nehmen (oben). Wenn es dunkel wird, lässt Lugano seinen Luxus in besonderem Glanz erstrahlen (unten).

dem Kaminpodest stehen unsere mit Zeitungspapier ausgestopften Schuhe, vom Kaminsims herab hängen dekorativ unsere Socken. Auch die Porzellanteller, von denen wir gleich essen, werden, wie in einem Viersternehotel, am Feuer angewärmt. Na ja, für die Portion matschiger Bergsteigerspaghetti, die uns sicherlich gleich gereicht wird, wär's nicht nötig, denken wir. Doch wir haben den Wirt unterschätzt. Er überrascht uns mit luftgetrocknetem Schinken als Vorspeise, Lamm mit Speckkartoffeln und Bohnen sowie Käse als Dessert. Zugegeben, dem ersten Eindruck nach hätten wir ihm derartige kulinarische Künste nicht zugetraut.

Beim morgendlichen Blick aus dem Fenster blendet uns die Sonne. Es weht bei unserem Aufbruch zwar ein stürmischer, kalter Wind, aber die Lichtstimmung ist fantastisch. In weißen Schleiern verdunstet die Luft zwischen den bläulichen Hügelketten, während von oben die Sonnenstrahlen fächerförmig durch graue Schäfchenwolken auf sie herabfallen. Von einem Pass aus können wir die Walliser Alpen in der Ferne erkennen, die Monte-Rosa-Gruppe. Südlich davon wollen wir großräumig unseren Weg fortsetzen. Doch zuvor gilt es für uns, zum Lago Lugano abzusteigen. Den metallisch glänzenden See können wir schon von hier oben erkennen. Wir passieren wieder die »grüne« Grenze von Italien in die Schweiz und wandern vorbei an grasenden Pferden, Kühen und Schafen bergab. Jetzt wird es auch wieder deutlich wärmer, so warm sogar, dass wir eine kurze Siesta in der Sonne einlegen und den Bienen beim Summen zuhören.

Das letzte Wegstück nach Lugano wird für uns zu einem wild-romantischen Naturschauspiel. Durch hüfthohe Farnpflanzen gelangen wir in lichte Birkenwäldchen, hinter deren sattem Grün sich ein dramatisches Wolkengebilde zusammenbraut. Schon zerzausen heftige Windböen die zerbrechlichen Bäumchen, gleißende Blitze zucken aus dem schwarz-violetten Himmel, begleitet von unheilschwangerem Donnergrollen. Im Laufschritt erreichen wir die Stadtgrenze von Lugano und springen in einen Bus Richtung Innenstadt. Keine Minute zu früh, denn draußen entlädt sich jetzt das Gewitter in einer Heftigkeit, die wir bislang nicht einmal in den Bergen erlebt haben. Ohrenbetäubend trommelt der Platzregen aufs Busdach, Hagelkörner sind wohl auch beteiligt, und der polternde Donner kommt minutenlang nicht zur Ruhe. Kurze Zeit später ist jedoch der Spuk plötzlich vorbei, und wir können Luganos Innenstadt ohne Regenschutz betreten.

Hier in Lugano gönnen wir uns ein wenig Luxus, angefangen bei der Übernachtung. In der Touristeninformation bietet man uns ein

Hotel in der Nähe an, aber für weniger als 140 Franken ist nichts zu bekommen. Wir beißen in den sauren Apfel und beziehen unsere »Luxussuite«, ein zwölf Quadratmeter kleines, stickiges Kämmerchen, immerhin mit eigenem Bad und kleinem Balkon. Der Bummel durch die Stadt bringt uns zuerst zur Post, von wo wir die zuletzt »durchwanderten« Karten uns selbst nach Hause schicken. Im Anschluss bewundern wir Uhren, Schokolade und Diamanten in den Schaufenstern der kleinen Boutiquen und Läden. Die Straßen sind erfüllt vom Parfümgeruch der vorbeiflanierenden Passanten, darunter viele Urlauber. Abends lässt Lugano seinen Luxus dann noch in besonderem Glanz erstrahlen. Alles wird beleuchtet, erhellt und in warmes Licht gehüllt.

Nach einer mäßigen Nacht in unserem bisher teuersten Quartier fragen wir an der Rezeption, wie wir am geschicktesten nach Omegna kommen. »Nehmen Sie's Bähnchen«, empfiehlt die Dame hinter dem Tresen. Wir haben sie falsch verstanden und schauen uns verdutzt an. »Was meint sie, Beinchen?« »Na, das Bähnchen, den Zug, bis zur Grenzstation nach Italien können Sie fahren.« »Gibt es noch eine Grenze zwischen der Schweiz und Italien?«, frage ich provozierend, worauf sie mehrdeutig lächelnd antwortet: »Gott sei Dank, zum Glück.« ✳

Spuren der
Vergangenheit

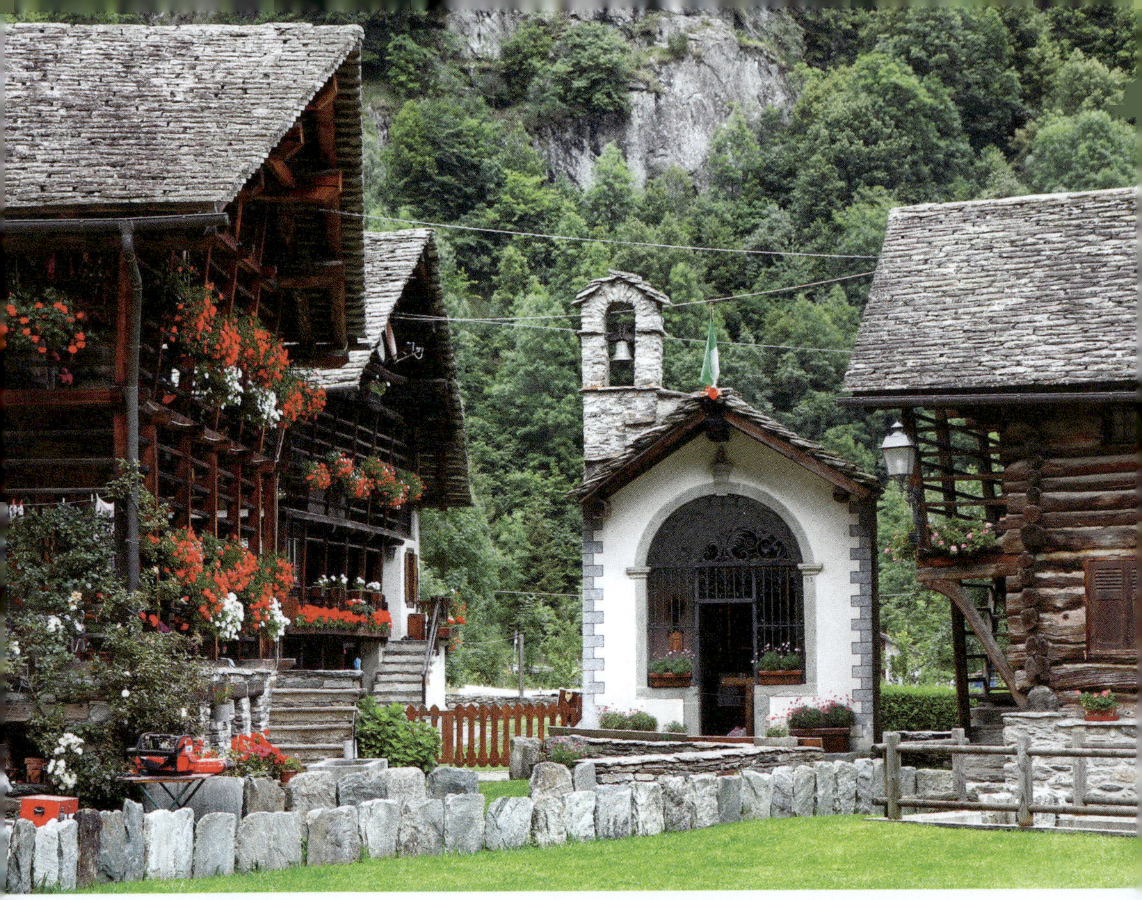
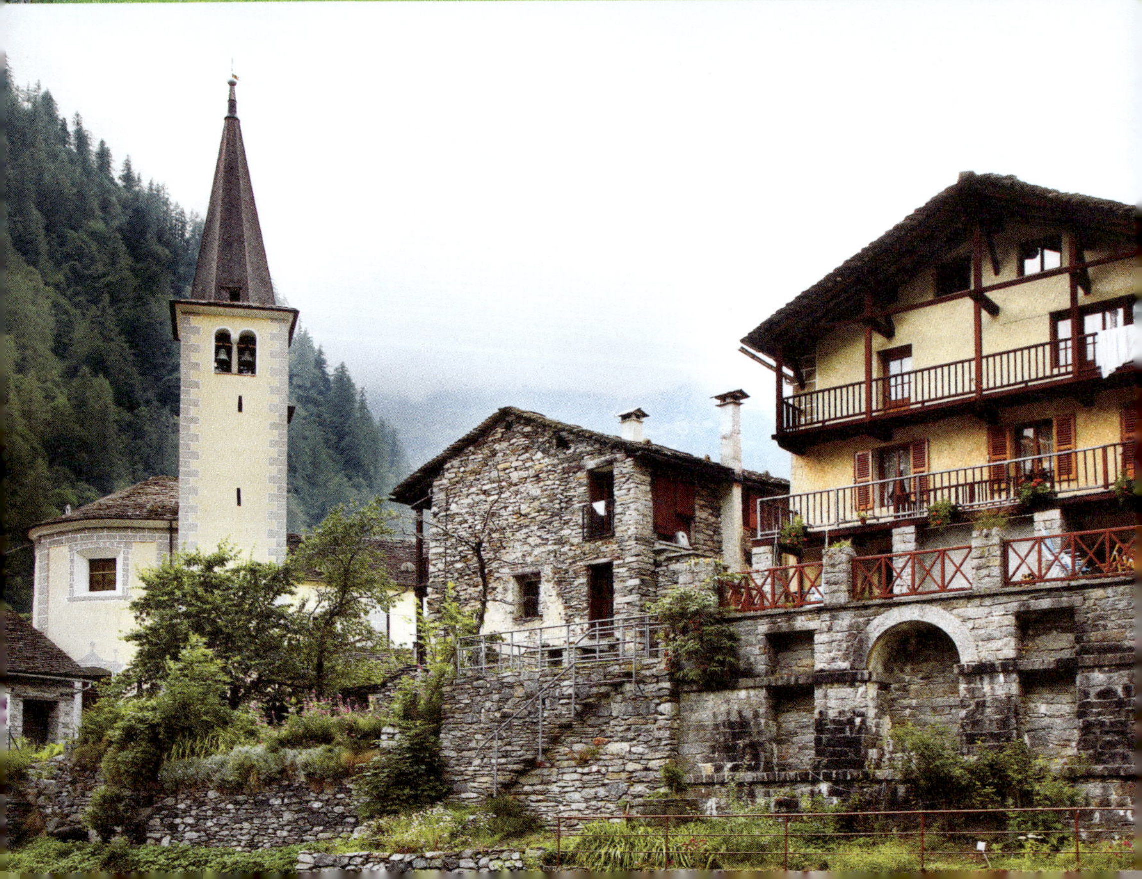

Durch die italienischen Walliser Alpen

Auf dem faszinierenden Fernwanderweg »Grande Traversata delle Alpi« (GTA) streifen wir durch die verwunschen anmutenden alten Siedlungen der Walser direkt hinein ins Schlemmerparadies Piemont.

In den verwinkelten Sträßchen von Omegna begegnen uns Franziska und René. Das junge norddeutsche Pärchen ist wie wir schwer bepackt. Große Rucksäcke hängen an ihren Schultern. Auch sie wollen dem Urlauberrummel an den Seen entfliehen, und wir beschließen, gemeinsam in die Berge zurückzukehren. Die Möglichkeit, sich hin und wieder auch mit anderen auszutauschen, tut unserer Zweisamkeit gut. Neue Themen und Ideen bereichern unsere Gespräche, und die Wanderzeit zur Alpe Baranca vergeht wie im Flug. Auf zum Teil mit Steinplatten gelegten schmalen Pfaden geht es steil hinauf durch hüfthohes Gebüsch und vorbei an zartblättrigen Akazienbäumen. In einer kleinen Kapellenruine am Wegesrand steht, bislang verschont von herabfallenden Mauersteinen, eine winzige, zerbrechlich wirkende, elfenbeinfarbene Marienfigur aus Porzellan, daneben eine Zinkvase mit verstaubten Plastikblumen. Spinnweben runden die morbide Kulisse für ein Foto perfekt ab.

Wir überqueren ein glasklares Gebirgsbächlein, und wie mit jedem weiteren Schritt das Geräusch des plätschernden Wassers hinter uns leiser wird, vernehmen wir lauter und eindringlicher das beruhigend gleichmäßige »Bomm, bomm, bomm« läutender Viehschellen. Sie hängen an den Hälsen einiger Kühe und Jungrinder, die auf einer geröllreichen Ebene weit unterhalb des Lago di Baranca grasen. Inmitten dieser Ebene steht auch das zweistöckige, graue Steingebäude der Alpe Baranca, unser heutiges Übernachtungsquartier. Unter der Traufe des rostigen Blechdaches hängen ein paar Handtücher auf einer Leine, bunte Blumentöpfchen schmücken die Fassade. Auf Gartenstühlen sitzen Touristen vor der Hütte. Der bärtige Senn Sergio kauert mit hochgekrempelten Hemdsärmeln auf einem Dreibein vor einer steinpilzbraunen Kuh und melkt sie händisch. Mit festem Strahl spritzt schaumige Milch in einen blassblauen Eimer. Was für eine Idylle. Wäre

Dicht an dicht stehen die mit Granitplatten gedeckten Häuser des Walserdorfes Carcoforo (S. 132/133). Das Dorf gilt als eine der kleinsten Gemeinden Italiens (oben und unten).

da nicht dieses hässliche, rot-weiß gestreifte Plastikpartyzelt! Wie ein riesiger Fremdkörper, ein verirrtes Ufo, steht es hier auf der Wiese vor der Hütte, und wir denken: »Oh nein! Nicht schon wieder Party!« Aber das Ungetüm hat einen ganz praktischen Zweck. Es gibt uns Wanderern die Möglichkeit, auch bei schlechtem Wetter trocken zu sitzen. Die Räumlichkeiten in der Alphütte sind nämlich sehr begrenzt und dem Ansturm von Übernachtungsgästen in der Hauptsaison kaum gewachsen. Daher haben die Sennen den Speisesaal kurzerhand ausgelagert. Es ist sogar ganz gemütlich hier drinnen. Als wir zum Abendessen hineinschlüpfen, sitzen schon andere Gäste an den langen, mit Leintuch bedeckten Klapptischen. Es ist recht voll hier oben, kein Wunder, sind wir doch jetzt auf dem bekannten und beliebten Fernwanderweg »Grande Traversata delle Alpi«, kurz GTA, unterwegs. In 65 Tagesetappen führt dieser in rund 1000 Kilometer durch den gesamten piemontesischen Alpenbogen, von den Walliser Alpen, den Grajischen Alpen über die Cottischen Alpen bis zu den Seealpen und Ligurischen Alpen.

Unsere neuen Freunde Franziska und René wollen einige Tage auf ihm entlangwandern, wie die meisten anderen Gäste der Alpe Baranca. Auch wir werden die nächsten Wochen diesem Pfad folgen. Für uns ist das sehr praktisch. Wir müssen nicht mehr jeden Tag über die weitere Route entscheiden, auskundschaften und stundenlang die Karten studieren, sondern können den vorgegebenen Etappen der GTA folgen und in den Übernachtungsquartieren, den Posto Tappas, wie sie hier in Italien heißen, nächtigen und essen.

Und was das Essen betrifft, werden wir gleich in unserer ersten Posto Tappa, hier auf der Alpe Baranca, regelrecht verwöhnt. Mit herzlichem Lächeln serviert Signora Alda selbst gemachten Kuh- und Ziegenkäse, frischen Salat aus dem kleinen Alpgarten hinter der Hütte, trockenen Rotwein dazu – perfekt. Obwohl wir die Nacht im relativ vollen Matratzenlager verbringen, schlafen wir recht gut. Liegt es am abendlichen Vino rosso? Erst das herzzerreißende Wiehern eines alten Esels weckt uns am Morgen, und nach einem reichlichen Frühstück macht sich dann die Gemeinde der GTA-Wanderer wieder auf den Weg.

Im Nebel wandern wir zum Passo Cole Egua auf 2239 Metern, und erfreulicherweise bessert sich auf der anderen Seite das Wetter. Direkt neben unserem Weg taucht plötzlich und unerwartet ein perfekter Badegumpen auf. Dunkelblaues, klares Wasser, gespeist aus einem breiten Wasserfall, sammelt sich in einem flachen Steinbecken. Sofort reißen wir uns die Kleider vom Leib, und während ein Schwarm dunkelbrauner Schmetterlinge die Mineralsalze aus unseren schweißgetränkten Socken saugt, gleiten wir ins eiskalte Wasser. Das Vorankommen ist uns im Moment egal. Nach dem Erfrischungsbad legen wir uns wie die Eidechsen auf die sonnenwarmen Felsplatten und lassen uns von ihrer Energie durchströmen. Es lebe das Leben! Nur noch ein kleines Wegstück liegt vor uns, und dann können wir schon von oben herab auf die granitplattengedeckten Häuser Carcoforos blicken.

Carcoforo ist unser erstes Walserdorf. Fasziniert schreiten wir durch die mit Steinen gepflasterten Gässchen. Eng und verwinkelt schlängeln sie sich zwischen den niedrigen Steinhäusern. Alles ist grau, aber bei Weitem nicht trist, sondern im Gegenteil sogar recht heimelig – zumindest jetzt im Sommer. An trüben, nebligen Herbst- und Wintertagen mag das ganz anders aussehen. Ich kann mir gut vorstellen, wie verlassen sich die Dorfbewohner dann hier oben fühlen müssen. Auf einem Balkon mit schmiedeeisernem Geländer gießt eine alte Frau ihre Geranien, ansonsten sind die Straßen menschenleer.

Die Entstehung dieser Walserdörfer geht bis ins Mittelalter zurück. Walser sind jene Walliser und deren Nachkommen, die ab dem 13. Jahrhundert ihre Heimat in der Schweiz verlassen haben und sich auf Wanderschaft begaben. In nördlicher Richtung ließen sie sich unter anderem im Berner Oberland oder Vorarlberg nieder, in südlicher Richtung überquerten sie den Alpenhauptkamm und gründeten hier in den italienischen Piemonttälern ihre Dörfer. Weil der Talboden oft schon von alteingesessenen Bewohnern belegt war, siedelten sich die Walser bevorzugt in den Talenden oder den höheren Lagen an, wie in Carcoforo auf 1300 Metern.

Der Posto Tappa des Ortes befindet sich im Hotel Alpenrose. Hier treffen wir viele Mitwanderer wieder, mit denen wir schon die vergangene Nacht auf der Alpe Baranca verbracht haben, was uns bei einigen mit großer Freude erfüllt, bei anderen jedoch eher einen Fluchtreflex auslöst. Ein Entkommen gibt es jedoch nur, wenn man einmal ein Übernachtungsquartier auslässt und gleich zum nächsten weiterwandert. Aber so eilig haben wir es dann doch nicht, denn aus der Küche strömen betörende Düfte. Ja – das Essen im Piemont ist ein Kapitel für sich! Anita behauptet sogar, ab da zugenommen zu haben. Auch heute Abend erwartet uns wieder ein schmackhaft zubereitetes viergängiges italienisches Menü aus einer Minestrone, frischem grünen Salat und stundenlang geschmortem Hirschgulasch. Als Beilage wird die traditionelle Polenta gereicht,

Zum Teil mit Steinplatten gelegte Pfade verbinden die alten Walserdörfer miteinander (oben). Im Rifugio Ferioli auf 2264 Metern Höhe gönnen wir uns eine Pause mit Kaffee und Kuchen – und phänomenaler Aussicht (unten).

dicker, sättigender Maisbrei. Ich fühle mich fast schon gemästet, lege das Besteck beiseite, da landet noch ein großes Stück Schokoladentarte, verziert mit zähflüssiger Schokoladensauce, vor mir auf dem Tisch. Köstlich! Schon allein für dieses »Dolce« würde ich jederzeit wieder zu Fuß von Wien bis hierher gehen.

Steil und mühsam geht es bergauf zum Pass Colle del Termo auf 2351 Metern und hinein in dichten Nebel. Nur schemenhaft erkennen wir einige sitzende Wanderer hier oben auf der Passhöhe. Eine kleine Tafel weist uns darauf hin, dass wir jetzt nicht nur auf den Wegen der GTA unterwegs sind, sondern dass diese Abschnitte hier auch zur Via Alpina gehören. Die Via Alpina ist ein insgesamt mehr als 5000 Kilometer langes Netz von fünf Fernwanderwegen im gesamten Alpenbogen. Die Route der »roten« Via Alpina ist der »Königsweg«, er verbindet sämtliche acht Alpenländer in 162 Etappen zwischen Triest und Monaco miteinander. Als wir die kleine Tafel mit der Aufschrift »Via Alpina« sehen, müssen wir unverzüglich an den Brasilianer denken, dem wir auf dem Karnischen Höhenweg begegnet sind. Er war auf der Roten Via Alpina unterwegs! Wo wird er inzwischen sein? Nur wenige »Aspiranten« schaffen die gesamte Stecke in einem Sommer. Er ist dazu noch alleine unterwegs, was vieles noch schwerer macht.

Leider können wir keinen Blick auf das Monte-Rosa-Massiv erhaschen und steigen in unendlichen Serpentinen durch Wald hinunter nach Rima, einem der bekanntesten Walserdörfer. Da der Posto Tappa schon mit Gästen überfüllt ist, »müssen« wir im Speisesaal der Bar Grillo Brillo übernachten. Die Barbesitzer entschuldigen sich 1000-mal, weil wir hier auf unseren Isomatten am Boden schlafen müssen. Wir aber freuen uns und finden es perfekt, denn hier haben wir unsere Ruhe und brauchen uns kein Schlaflager mit acht anderen Fernwanderern zu teilen.

Lebhafter geht es dafür am nächsten Tag im Val Sesia zu. Dieses Tal ist nämlich, im Gegensatz zu den anderen Regionen, die man auf der GTA durchquert, touristisch sehr gut erschlossen. Im Hauptort Alagna Valsesia tummeln sich die Sommergäste, erschöpfte Bergsteiger schleppen müde ihre schwere Ausrüstung durchs Dorf. Von hier geht die Seilbahn hinauf zum Monte Rosa, der jedoch auch heute für uns unsichtbar in seinem Wolkenmantel bleibt.

Unser Tagesziel Sant Antonio entpuppt sich dann wieder als heimeliger, ruhiger Ort. Ein Kirchlein mit stündlichem, klarem Glockenklang und ein Dutzend Steinhäuschen – mehr nicht. Dafür setzt sich im Rifugio Valle Vogna unsere kulinarische Genusstour in Form von Rindsragout mit Bratkartoffeln fort. Später am Abend machen wir einen kleinen Verdauungsspaziergang durch die Gassen. Und obwohl in den heutigen Walserdörfern des Piemont kaum noch Walserdeutsch gesprochen wird, fragt uns ein älterer Herr nach unserer Herkunft und ob es uns in seiner Heimat gefällt. »Ich bin ein Walser!«, betont er stolz zum Abschied, und wir denken, er kann zu Recht stolz auf die Kultur sein, die wir hier im nördlichen Piemont noch erleben können. ✽

Auch Esel scheinen sich über unseren Besuch zu freuen (oben). Entspanntes Wandern auf den Wegen der GTA. Das aufwendige Routenplanen können wir für ein paar Tage bleiben lassen und folgen den vorgegebenen Etappen (unten).

Wegweiser
über den Wolken

Aus dem Aostatal hinauf in den Gran-Paradiso-Nationalpark

Unter der Marienstatue auf dem Gipfel des Rocciamelone weist uns ein Berg am Horizont den Weg gen Süden. Zum ersten Mal seit unserem Aufbruch in Wien vor rund 14 Wochen bekommen wir eine vage Vorstellung, wie weit es noch bis zum Mittelmeer sein wird. Unser Ziel rückt in greifbare Nähe!

Auf der Wäscheleine im Garten der »Albergo Carla« schwingt meine frisch gewaschene Trekkinghose zwischen alten Autoreifen im Wind. Wir sind inzwischen im Aostatal angekommen, in Pont-Saint-Martin, und legen einen Organisationstag ein. Wäschewaschen gehört dann auch dazu. Zum Glück ist es relativ warm, denn während sich meine lange Hose in der Trocknungsphase befindet, habe ich nur die kurze Hose zur Verfügung. Und in dieser schlendere ich nun die Hauptstraße entlang.

Der Ort Pont-Saint-Martin ist benannt nach der 2000 Jahre alten Römerbrücke Pont-Saint-Martin über dem Fluss Lys. Die Bogenbrücke aus Stein ist wirklich sehr hübsch, aber ansonsten gibt es für uns nicht viel Sehenswertes zu entdecken, und so brechen wir am nächsten Tag in frisch gewaschenen Kleidern auf zum nächsten Ort, Quincinetto. Bevor wir ab hier jedoch wieder in die Berge steigen, brauchen wir etwas Bargeld. Wo ist der Bankomat? Wir fragen einen Passanten auf der Straße, und seine Antwort ist ungewöhnlich. In gebrochenen Deutsch erklärt er uns: »Es gibt keinen mehr. Der wurde vor ein paar Tagen von Banditen gesprengt.« Und was machen wir jetzt? Ohne Geld kommen wir nicht weit. Doch bevor wir uns komplizierte Möglichkeiten ausdenken, um irgendwie doch noch an Geld zu kommen, erleben wir sie wieder, diese unerwartete, bedingungslose Hilfsbereitschaft einiger Mitmenschen. Claudio, so heißt der freundliche Mann, der uns soeben über den Verbleib des Geldautomaten aufgeklärt hat, bietet wie selbstverständlich an, uns mit seinem Wagen zur Bank im Nachbarort zu fahren. Natürlich erst, nachdem wir seine Familie kennengelernt haben. Gesagt, getan, keine zehn Minuten später sitzen wir mit ihm, seiner Frau

---

Die gezackte Berglandschaft der Dauphiné (S. 142/143). Das Rifugio Chiramonte sehen wir im dichten Nebel erst, als wir direkt davor stehen (oben). Im Hintergrund des Dorfes Cappia der Pass Bocchetta delle Oche (2415 m) (unten).

Oxana und den zwei kleinen Töchtern im Wohnzimmer. Und während die blondlockigen Mädchen mit ihren Filzstiften in Windeseile ein Gemälde nach dem anderen für uns malen, stapeln Oxana und Claudio den Inhalt ihres Kühlschranks vor uns auf den kleinen Tisch. Brot, Tomaten, Bergkäse, Salami, Radieschen. Das wird wohl ein längerer Besuch. Ein bisschen nervös rutschen wir auf unseren Stühlen herum, schließlich liegt ja eigentlich noch der weite Weg zum Rifugio Chiaromonte vor uns. Aber wir sorgen uns mal wieder umsonst, denn direkt nach diesem gemütlichen Zweitfrühstück quetschen wir uns in Claudios alten Alfa Romeo, düsen zur Bank und anschließend wieder zurück zum Ausgangspunkt unserer Tagesetappe. Und welche bösen Buben auch immer den Automaten in Quincinetto zerlegt haben, uns bescheren sie eine wunderbare Begegnung mit der selbstlosen Freundlichkeit im Aostatal.

Mit beruhigend gefüllten Geldbörsen verlassen wir nun endgültig das Aostatal und starten unseren Aufstieg zum Rifugio Chiaromonte. Und der hat es in sich! Quincinetto liegt keine 300 Meter hoch, bis zum Rifugio müssen wir also knapp 1700 Höhenmeter überwinden. Leider hat sich das Wetter inzwischen verschlechtert, in dicker Nebelsuppe steigen wir hinauf, unentwegt besprüht von feinem Nieselregen. Je höher wir kommen, desto dichter wird der Nebel. Das Rifugio Chiaromonte sehen wir erst, nachdem wir fast mit der Nase daranstoßen. »Geschafft«, seufzen wir erleichtert. »Jetzt aber schnell ins warme Zimmer.« Doch was ist das? An der Eingangstür des Hauses klebt ein Zettel mit einer handschriftlichen Notiz auf Englisch: »Dear Guest, to get the key to enter and have food, drink and bed go ahead for 5 minutes of walking to Maria and Giorgio House.« Darunter das Gleiche auf Italienisch. Also gut, den Schlüssel für die Übernachtungshütte bekommen wir bei Maria und Giorgio, die fünf Minuten schaffen wir jetzt auch noch.

Aber wir gehen fünf Minuten, zehn Minuten, dann 15 Minuten, und weit und breit keine Spur von einem Haus. Nichts sehen wir außer einer uns umwabernden, grauen Nebelmauer. »Hoffentlich sind wir nicht schon längst dran vorbeigelaufen«, zweifele ich. Aber dann durchdringt der heisere Schrei eines Hahnes die Nebelbrühe. »Wo Hühner sind, da sind auch Menschen«, weiß Anita zuversichtlich. Wir pirschen uns horchend und lauschend heran. Da ist es wieder: »Kikeriki«, diesmal lauter, und kurze Zeit später stehen wir unserem Lotsen gegenüber. Inmitten einiger weißer Hühner stolziert er vor einer einfachen Steinhütte umher. Das muss es sein. Wir treten näher, ich klopfe an die Tür, und es tut sich eine geraume Zeit lang nichts … Dann hören wir drinnen schwere Schritte, die Tür öffnet sich, und den Türrahmen ausfüllend steht Maria vor uns. Ihre große, kräftige Hand ruht auf der Türklinke, in olivgrünen Gummihalbschuhen steht sie mit beiden Beinen fest auf dem Boden. Gegen die feuchte Kälte schützt sie eine tintenblaue Strickjacke, deren oberster Knopf durch eine Sicherheitsnadel ersetzt wurde. Im Kontrast zu diesem doch eher robusten und praktischen Älpler-Arbeitsoutfit glitzert ein mit Strasssteinchen beklebter Haarreif in ihrem schon leicht ergrauten Schopf. Anita, gut zwei Köpfe kleiner als ihr Gegenüber, stammelt eingeschüchtert etwas von »Schlüssel, Übernachten und Essen«, und zaubert damit ein freundliches Lächeln auf Marias Gesicht. Dann erscheint Giorgio, der Senn, auf der Bildfläche, zwinkert uns verschmitzt zu, und ein paar fröhliche Worte der Begrüßung finden ihren Weg durch seinen grauen Rauschebart. Spätestens jetzt wissen wir: Bei den beiden sind wir in guten Händen.

Wir bekommen den Schlüssel für die Übernachtungshütte und die Einladung, doch zum Abendessen zu bleiben, sie wollen für uns kochen. Das lassen wir uns natürlich nicht entgehen. Es tauchen dann noch zwei andere Wanderer auf, Thomas und Dörte sind auf der GTA unterwegs, und zu viert sitzen wir am gedeckten Tisch in der rustikalen Wohnküche der Alphütte. Jeder Zentimeter Platz wird hier genutzt. An dicken Nägeln hängen Töpfe und Pfannen an den weiß gekalkten Wänden und von den Dachbalken. Gegenüber schaukeln feinmaschige, gelbliche Käsetücher auf einer quer durch den Raum gespannten Leine. Der Mauersims ist das Gewürzregal, dicht an dicht stehen kleine Döschen mit getrockneten Kräutern, Salzstreuer und Pfeffermühle beieinander, darunter biegt sich ein schmales Holzbrett unter der Last diverser Speiseöle und Marmeladen. Vor Mäusen sicher werden Lebensmittel in einem pastellgrünen Küchenschrank aufbewahrt, daneben steht das bereits geputzte hölzerne Butterfass. Und während Giorgio im Stall nebenan die Kühe melkt, verwöhnt Maria uns mit großen Portionen Spaghetti. Es ist bereits dunkel, als wir unseren liebenswerten Gastgebern eine »buonanotte« wünschen und zurück zur Übernachtungshütte schlendern. Der Nebel hat sich verzogen, über uns funkeln die Sterne und weit unten, in der Poebene, die Stadtlichter Turins.

Der nächste Morgen ist sonnig und klar, und jetzt können wir sehen, wo wir tags zuvor im dichten Nebel gelandet sind. Für uns heißt es nun Abschied nehmen von Maria und Giorgio. Nach einem dampfenden, süßen Kaffee in ihrer Hütte mache ich noch ein paar

Erinnerungsfotos vorm Haus. Während Anita sich neben Giorgio postiert, flüstert er ihr mit einem spitzbübischen Lachen frech ins Ohr: »Lass ihn doch alleine weitergehen und bleib bei uns.« Zum Glück ist Anitas Sehnsucht nach Meer größer als nach vermeintlicher Alpromantik, und wir setzen zu zweit unseren Abstieg nach Fondo fort.

Ein schmaler, grasiger Pfad führt uns steil hinab durch schönes Weidegebiet, in dem wir immer wieder zerfallene Almgebäude passieren. Aus der Vogelperspektive blicken wir zunächst herab auf idyllische kleine Dörfer, dann gehen wir mitten hindurch. Succinto, eines von ihnen, ist jedoch ein einsamer, verlassener Ort, weit abgelegen von jeglicher Straßenanbindung. Durch ein Birkenwäldchen, das uns an Schweden erinnert, erreichen wir schließlich in 1074 Metern Höhe das abgeschiedene Dörfchen Fondo. Der Posto Tappa steht direkt bei der kunstvoll erbauten romanischen Bogenbrücke, und der Fluss, den diese überspannt, hält herrliche Badegumpen für uns bereit. Von hier soll uns der Weiterweg durch den Gran-Paradiso-Nationalpark führen, und ein Blick auf die Karte verdeutlicht: Mit den Höhenmetern geht es jetzt so richtig los. Jeden Tag erwarten uns nun Anstiege von 1000 bis 1800 Metern, das Ganze folgt natürlich auch wieder bergab. Warum das so ist, ist schnell erklärt: Von der Poebene ziehen die Täler, eines neben dem anderen, in den Alpenbogen hinein. Da wir quer dazu unterwegs sind, müssen wir nun jeden Tag gnadenlos hinauf und hinunter.

Fondo verlassen wir durch das weitgezogene Tal Valchiusella. Die GTA führt am gleichnamigen Fluss entlang, vorbei am verträumten Örtchen Tallorno, der letzten bewohnten Siedlung vor dem Pass Bocchetta delle Oche auf 2415 Metern. Endlich scheint das Wetter stabil zu werden und hoffentlich auch zu bleiben, und wir genießen es, ohne Regenponcho unterwegs zu sein. In diesen Tagen im Gran-Paradiso-Nationalpark führen unsere Etappen immer wieder durch verlassene, verfallene Ruinendörfer, Geisterdörfer am Ende der Täler. Hier wohnt schon lange niemand mehr. Nirgendwo in den Alpen ist die Abwanderung deutlicher und krasser sichtbar als hier in den Piemonttälern. Wenn man hindurchwandert, kann man aber heute noch erahnen, dass es einmal deutlich bessere Zeiten gegeben hat. Doch die Menschen sahen aus wirtschaftlicher

---

Eine alte Bogenbrücke überspannt den Fluss beim Dörfchen Fondo (oben). Viele Dörfer am Ende der Piemonttäler sind schon seit Jahrzehnten verlassen. Die menschenleeren Häuser sind dem Verfall preisgegeben (unten).

Sicht keine Überlebenschance mehr und mussten abwandern, hinaus in die Städte der Poebene. Heute werden zumindest einzelne Häuser oder Räume als Museen restauriert.

Als Geisterdorf der ganz anderen Art entpuppt sich Talosio. Auf 1225 Metern liegt es und wirkt menschenleer und trostlos. Der Erste, der uns hier begrüßt, ist ein verwahrloster Vierbeiner. Obwohl ich normalerweise an keinem Hund vorbeigehen kann, ohne wenigstens ein paar Minuten mit ihm gespielt zu haben, halte ich bei der leider erbärmlichen Kreatur Abstand. Seine eiterverklebten Augen schauen uns traurig hinterher, als wir in einer Bar nach dem örtlichen Posto Tappa fragen. Die Signora hinterm Tresen, Typ Kugelstoßerin, antwortet nicht. Hat sie uns nicht verstanden? Doch, sie brauchte nur ein bisschen Zeit zum Reagieren. Minuten später deutet sie uns mit einer zackigen Handbewegung an, ihr zu folgen.

»Dead Man Walking – sein letzter Gang« fällt mir augenblicklich ein, während wir wie in einer Prozession, ihr hinterher, die Hauptstraße entlang durchs Dorf schleichen. Vor einem im Zerfall befindlichen zweistöckigen Gebäude bleibt sie stehen. Aha, das ist es also! Ein ehemaliges Schulgebäude soll die GTA-Wanderer beherbergen, schade nur, dass hier anscheinend nie renoviert wurde. Wir treten ein, und vielsagend grinsend erwarten uns schon die anderen, zumeist sehr jungen Übernachtungsgäste, die im Schlafsaal sitzen. Alle sind auf gleiche Art und Weise hierher »abgeführt« worden, und alle hatten dasselbe Gefühl. Die Waschräume sind in katastrophal verkommenem Zustand. Klobrillen fehlen, Duschvorhänge ebenfalls. Mir ist es schlicht zu dreckig, und ich ziehe eine Katzenwäsche am Brunnen vor dem Haus vor. Anita überwindet ihren Ekel und stellt sich unter die Brause, was dazu führt, dass ein kleines Abwasserrinnsal den Waschraum im ersten Stock über die Betontreppe verlässt und sich im Erdgeschoss zu einem kleinen See ausbreitet.

Um sechs Uhr abends sollen wir alle wieder in die Bar zum Essen kommen. Lautstark plärrt der Fernseher durch den Raum, ein Kleinkind weint in seiner Gehschule vor sich hin, matschige, zerkochte Pasta häuft sich vor uns auf dem Teller und will verzehrt werden. Obwohl es uns graust, essen wir brav alles auf. Unsere »Leidensgenossen« tun es ebenso, das bekommt jedoch nicht jedem. Am nächsten Morgen klagen einige über Übelkeit und Durchfall. Beim Frühstück sind wir daher etwas vorsichtiger. Mein in Asien und Südamerika gestählter Magen verträgt zwar viel, aber gammlige Wurst und von ungutem Schimmel befallenen Käse möchte

Der vergletscherte Gipfel des 4061 Meter hohen Gran Paradiso (oben).
Restauriertes Klassenzimmer als Museum in einem Ruinendorf (unten).

Blick vom Colle Della Crocetta (2640 m) auf den blau schimmernden
Lago di Ceresole und den Gipfel des Gran Paradiso

ich ihm doch nicht zumuten. Auch den Joghurt, der das Verfalls-datum schon überschritten hat, lassen wir stehen. Der Kaffee ist eiskalt, aber wenigstens bekommen wir auf Nachfrage dann doch frisch aufgebrühten. Schnell verlassen wir diesen Ort am Morgen des 10. August: Meinen Geburtstag hab ich mir anders vorgestellt!

Zur Entschädigung werden die nächsten Wanderetappen aber traumhaft schön. Immer wieder können wir von hohen Pässen aus bei strahlendem Sonnenschein das sagenhafte Bergpanorama der Gran-Paradiso-Gegend genießen. Wir durchschreiten Erlen-, Bir-ken- und Pappelwäldchen, wandern über weite Hochalmflächen und erfreuen uns an den bezaubernd im Wind wiegenden, flauschi-gen Blütenbällen des Wollgrases. Weiße Märchenwiesen auf sump-figem Boden. Hier, am südlichen Rand des Nationalparks, lernen wir noch seine wilde, ursprüngliche Seite kennen.

Im malerischen Valle dell'Orco werden wir ein wenig an das Val di Mello erinnert. Wasserfälle, kompakte Granitwände und Felsen, auf denen Kletterer herumturnen. Auf eine Gesteinsformation, fast so groß wie ein Einfamilienhaus, kraxeln wir hinauf und gönnen uns oben auf der völlig ebenen und glatten Fläche eine Jausenpause mit anschließendem Nickerchen in der Sonne. Einige »Geister-dörfer« runden den perfekten Wandertag ab, und wir erreichen Ceresole Reale. Der örtliche Posto Tappa gefällt uns auf Anhieb, und wir beschließen spontan, gleich für zwei Nächte zu reservieren, um einen Rasttag in diesem schönen Tal einzulegen.

Auf der Oberfläche des Lago di Malciaussia spiegelt sich die Sil-houette des »Melonenberges« im warmen Abendlicht. Waren die vergangenen Tage ruhig und in traumhafter Natur, so bewegen wir uns hier wieder in touristischer Region. Aus dem Val di Viù ist der Stausee über eine asphaltierte Straße gut mit dem Auto zu er-reichen, entsprechend voll ist der Parkplatz vor dem Ausflugslokal am See. Auf den ufernahen Grasflächen stehen etliche Zelte, dazwi-schen die Rauchsäulen der grillenden Wochenendausflügler.

Wir aber sind gebannt vom Spiegelbild des Rocciamelone, des »Melonenberges«. Dieser 3538 Meter hohe Berg ist der Wallfahrts-berg der Italiener, und auf seinem Gipfel steht eine riesige Marien-statue. Der Berg liegt unmittelbar an unserem Weiterweg, er hat eine unvergletscherte Südseite, und auf der ist er auch relativ ein-fach zu besteigen. Und auch das Wetter soll in den nächsten Tagen gut bleiben. Wir nehmen uns vor, es zu versuchen.

Am Weg zum Rifugio Cà d'Asti begegnen uns zum ersten Mal die Gesichter hinter den Wegmarkierungen. Drei junge Italiener, eine bildhübsche Frau und zwei Männer, sind, ausgestattet mit Pinsel und Farbeimer, unterwegs und malen die vertrauten rot-weißen Balken auf Steinplatten und Felsbrocken. »Grazie mille!« Auf dem jungfräulich markierten Weg erreichen wir zielsicher das Rifugio auf 2854 Metern, es ist der ideale Ausgangspunkt für die Gipfelbesteigung des Melonenberges. Zu meinem Entsetzen stelle ich im Lauf des Nachmittags aber fest, dass sich die Hütte zunehmend mit potenziellen Gipfelstürmern füllt. »Das gibt ja Morgen die reinste Völkerwanderung«, sage ich zu Anita, »mir wird das hier zu voll. Was hältst du davon, wenn wir draußen ein Plätzchen für unser Zelt suchen und dort schlafen? Dann können wir auch morgen früh vor den Massen starten.« Anita ist sofort einverstanden. Volle Schlafräume sind ihr genauso ein Gräuel wie mir.

Für sie, die noch nicht so hohe Berge bestiegen hat, erhält unser kleiner Ausflug nun einen regelrechten Expeditionscharakter. Auf einem kleinen Felsabsatz unterhalb der Übernachtungshütte errichten wir unser »Highcamp« und nutzen den schönen Nachmittag, um uns auf die Bergtour vorzubereiten. Das Schönste: Wir können morgen mit ganz leichtem Gepäck Richtung Gipfel starten, denn alles, was wir für diese Tagestour nicht brauchen, lassen wir einfach im Zelt. Während wir die Rucksäcke auspacken, klettern nur wenige Meter von uns entfernt Steinböcke geschickt durch die Felsen. Vorbeisegelnde Bergdohlen halten neugierig Ausschau, ob wir nicht auch ein paar Leckerbissen für sie rausrücken. Der Talkessel unter uns füllt sich mit bauschigen Wolken, die von oben noch von rosigem Sonnenlicht angestrahlt werden. Welch eine fantastische Abendstimmung!

Um halb vier Uhr morgens reißt mich der Wecker aus dem Tiefschlaf. Draußen ist es stockdunkel und kalt. In den ersten Minuten wünsche ich mir ein Leben, in dem ich mich jetzt noch mal gemütlich umdrehen und weiterschlafen kann. Aber das vergeht schnell, zu groß ist die Vorfreude auf die bevorstehende Bergtour. Im Lichtkegel unserer Stirnlampen hocken wir vorm Zelt, kochen Tee und frühstücken ein bisschen Brot und Käse. Im Rifugio Cà d'Asti ist alles noch dunkel. Gut so! Leise stapfen wir los, weit unten im Tal leuchten die Lichter der Stadt Susa zu uns herauf. Die Route für den Aufstieg ist in der Südflanke des Berges regelrecht in den Fels gehauen, wie auf einer endlosen, steinigen Treppe steigen wir Stufe um Stufe empor. In besonders ausgesetzten Teilstücken könnten wir uns bei Bedarf an Stahlseilen festhalten. Die einsetzende Morgendämmerung taucht die uns umgebende Gipfelkulisse in zartes Grau

Auf dem Gipfel des Rocciamelone begrüßt uns auf 3538 Metern Höhe eine
bronzene Madonna (oben). Morgens um halb sieben liegt in der Ferne die
Gebirgsgruppe der Dauphiné unter einem zartrosa-blauen Himmel (unten).

und Violett, die Täler zwischen den Bergen sind mit Wattewölkchen gefüllt, hier oben, schon kurz unterhalb des Gipfels, ist es wolkenlos und klar. Blass schimmert noch die eiförmige Mondscheibe im heller werdenden Himmel.

Wir sind zwar die Ersten, die heute, vom Rifugio Cà d'Asti kommend, den Weg auf den Rocciamelone eingeschlagen haben, jedoch trotzdem nicht die Ersten oben am Gipfel. Eine kleine Gruppe Italiener hat in Gipfelnähe in der einfachen Biwakhütte übernachtet, nun stehen sie, fast wie Mönche aussehend, in Decken gehüllt auf dem Gipfel, schauen gen Osten und warten wie wir auf die wärmende Sonne.

Um 6.39 Uhr ist es so weit. Erste Strahlen blinzeln über das Wolkenmeer, und wir erleben einen unvergesslichen Sonnenaufgang, der die bronzene Madonna ergreifend aufleuchten lässt. Für viele Italiener ist es ein großer Wunsch, einmal hier oben, zu Füßen der großen Marienfigur zu stehen. Und diesem Wunsch folgen etliche. Jedes Jahr findet am 5. August eine Wallfahrt zur »Madonna della Neve« statt.

Über den Wolken, in 3538 Metern Höhe, berauschen wir uns an einem grandiosen 360-Grad-Panorama. Die Fernsicht ist genial und reicht im Norden bis hin zu Gran Paradiso, Monte Rosa und Montblanc, dessen Gipfel sich jedoch hinter vorgelagerten Bergen versteckt. Im Nordosten reicht der Blick bis zur Berninagruppe und zum Adamello. Wenn wir nach Südwesten blicken, sehen wir die Berge der Dauphiné. Und direkt im Süden blicken wir nicht nur hinab auf unseren Aufstiegsweg, sondern hinüber bis zur Pyramide des Monviso, die sich, einem Eisberg gleich, aus dem Wolkenmeer erhebt.

Beim Anblick des 3841 Meter hohen Monviso am Horizont bekommen wir zum ersten Mal eine klare visuelle Vorstellung davon, wie weit unsere Reise noch sein wird. Als wir in Wien losgingen, war es für uns eine unüberschaubare Distanz. Auf halber Strecke, in Bozen, dachten wir noch, das gehe sich alles in einem Sommer nicht aus. Aber jetzt kann ich auf der Karte erkennen, dass uns ungefähr dreimal die Entfernung, gemessen von hier bis zum Monviso, ans Meer bringen wird. Das ist absolut überschaubar, vielleicht werden wir noch 15 bis 20 Tage benötigen, um unser Ziel zu erreichen. Mit dieser Erkenntnis im Hinterkopf starten wir glückselig unseren Abstieg vom Melonenberg.

Anita »riskiert« ein italienisches Frühstück im Rifugio Cà d'Asti. Ich verzichte. Aber nicht, um 3,50 Euro zu sparen, sondern weil es keinen Sinn hat, bei meinem Bärenhunger an einem trockenen Zwieback zu knabbern. Die gesalzene Butter dazu ist für mich sowieso ein No-Go. Ich zehre von der Erinnerung an das Frühstück in der Comptonhütte in den österreichischen Gailtaler Alpen – das hätte ich jetzt gerne! Hungrig baue ich das Zelt ab, packe den Rucksack, vor uns liegt nun die schier endlose Abstiegsetappe ins Val di Susa.

In der Kleinstadt Susa schlürfen wir im Schatten genüsslich zwei Eiskaffee und blicken dabei exakt 3035 Höhenmeter hinauf zum Rocciamelone. Sogar von hier unten können wir die Umrisse der großen Marienfigur erkennen. Es ist ein tolles Gefühl, gestern noch da oben gestanden zu haben. Wir gönnen uns einen Rast- und Organisationstag, schlendern durch die historische Altstadt, zum Augustusbogen, zum Amphitheater und zur Kathedrale San Guisto. Mit einer köstlichen Pizza und Rotwein feiern wir das perfekte Bergerlebnis vom Vortag und Anitas ersten Dreitausender.

Als wir das Lokal zufrieden verlassen, hängen über Susa tiefschwarze Wolken. Wenige Minuten später sorgt ein heftiges Unwetter kurzzeitig für chaotische Zustände in den schmalen Straßen und Gassen. Der Himmel öffnet alle Schleusen, die Kanalisation ist den plötzlichen Wassermengen nicht gewachsen, aus asphaltierten Straßen werden im Nu knietiefe Flüsse. Uns kommt die Abkühlung gerade recht. Ich reiße die Fenster unseres kleinen, stickigen Hotelzimmers auf, und wie ein Saunameister wedle ich mit meinem Handtuch die frische Regenluft herein. ❋

Sinnenfrohes Naturspektakel: Sich hoch auftürmende Wolkenberge umhüllen den Monviso.

Mediterranes
Flair

Der Hauch des Südens
in den Cottischen Alpen

Deutlicher als je zuvor spüren wir während der Tage in den Cottischen Alpen, dass wir immer weiter gen Süden gelangen. Es ist warm, im trockenen Gras zirpen die Grillen, in den kleinen Ortschaften, die wir passieren, herrscht mediterranes Lebensgefühl. »Piano, piano« lassen es auch die italienischen Wanderer angehen, die uns hier begegnen.

Auf der südlichen Seite des Susatals geht es auf alten, schmalen und zum Teil ziemlich zugewachsenen Maultierpfaden, den Mulattieras, durch Kastanienwäldchen wieder steil hinauf. Der Colle dell'Orsiera auf 2595 Metern Höhe ist unser nächstes Ziel. Bei der Alpe Toglie legen wir eine kurze Pause ein, sofort werden wir in Beschlag genommen von einem verschmusten Border-Collie-Welpen. Die Alpe hat eigentlich auch Unterkünfte, aber wir wollen noch ein Stückchen weitergehen und im Biwak Osiera schlafen. Diese alte Steinhütte ist eine Selbstversorgerunterkunft und eher einfach bis rustikal eingerichtet, daher ziehen die meisten Wanderer die Alpe Toglie als Quartier vor.

Wir öffnen die Tür im Biwak Osiera und wirbeln damit ordentlich Staub auf. Mäuseköttel liegen verstreut auf dem Boden, und es riecht abgestanden und muffig. Alles sieht ein bisschen verwahrlost aus, nicht wirklich einladend. Zum Glück haben wir das kleine Zelt noch dabei. In Bozen haben wir ernsthaft darüber nachgedacht, es nach Hause zu schicken, um unsere Rucksäcke zu erleichtern. Jetzt sind wir einmal mehr froh über unser »Ausweichquartier« und richten uns im Garten ein Stückchen abseits des Hauses unseren Schlafplatz ein. Nicht nur, dass wir uns dank dem Zelt Nächtigungen in überfüllten oder unwohnlichen Quartieren ersparen, der Erlebniswert einer Nacht im Zelt ist ja auch um ein Vielfaches größer. Wir spüren die Kälte der Nacht aufziehen, fühlen den Unterschied zwischen dem weichen Wiesenboden und der harten Walderde, wir hören das Schaben und Kratzen kleiner Insekten, die sich unter dem Zeltboden durchwühlen, und werden morgens

Abendspaziergang durch die schmalen Gassen in Usseaux (S. 160/161). Einer der letzten Gebirgspässe auf italienischem Terrain, der Colle di Bellino, liegt hinter uns.

von den ersten Sonnenstrahlen geweckt. Dafür nehmen wir gerne die paar Kilo mehr auf dem Rücken in Kauf. Auf dem Holztisch vor der Hütte kochen wir noch eine Suppe und genießen die Aussicht über das Susatal und auf den im Abendlicht rot leuchtenden, alles überragenden Rocciamelone.

Der nächste Morgen ist sonnig und klar und kündigt einen makellosen Sommertag an. Schatten gibt es hier oben keinen mehr, wir sind weit über der Baumgrenze unterwegs. Dafür genießen wir ungetrübte Rundumblicke. Am Colle dell'Orsiera gibt es noch alte Befestigungsanlagen und eine lange Steinmauer aus Kriegszeiten. Dank der Mauer können wir hier relativ windgeschützt eine kleine Pause einlegen. Als markanter Gipfel im Süden und Weggefährte taucht nun wieder der Monviso auf. Seine Pyramide begleitet uns während des steilen Abstiegs nach Usseaux. Die Höhenmeter bleiben, aber die Landschaft ändert sich jetzt deutlich. Die Formen werden weicher, die Farben wärmer, die Gebirgszüge sanfter. Wir kommen in südlichere Regionen.

Das Dörfchen Usseaux verzaubert uns vom ersten Augenblick an. Viele Häuser sind noch aus dem 18. Jahrhundert, die Gassen dazwischen so schmal und verwinkelt, dass keine Autos durchfahren können. In Usseaux gibt es keinen lärmenden, stinkenden Straßenverkehr. Im gemütlichen und stilvoll eingerichteten Posto Tappa Pitz Rei finden wir Unterkunft. Und nicht nur wir, auch eine Schwalbenfamilie darf hier leben, ihr Nest klebt direkt im Gang zu den Zimmern. Damit die tüchtigen Schwalbeneltern ungestört ihre Brut mit gefangenem Insektengetier versorgen können, werden die Gäste gebeten, den niedrigen Gang möglichst frei zu halten. Zum Dank für unsere Rücksichtnahme zwitschert es den ganzen Tag lang munter und lebendig von der Decke herab.

Usseaux hält auch noch andere liebevolle Überraschungen für uns bereit, gilt es doch als eines der reizvollsten Bergdörfer Italiens. Murales, Mauergemälde, zieren fast jede Hausfassade, viele dieser Malereien stellen Szenen des Bäckerhandwerkes dar. Ein Wandbild zeigt den Bäcker am großen Holzofen, auf einer anderen Mauer sehen wir eine junge Bäckersfrau, die auf einem Holzbrett, das auf ihrer Schulter liegt, frische Brotlaibe austrägt. Wieder ein Haus weiter schmücken Bilder der Getreideernte die Hausmauer. Der ganze

Im Städtchen Usseaux wird altes Handwerk neu belebt.
Malereien verzieren die Hausfassaden (oben). Die alte Getreidemühle
ist noch funktionstüchtig und täglich im Einsatz (unten).

Gemütlich wandern wir oberhalb von Villanova im Val Pellice über Stock und Stein (oben). Am Col Albergian kommen wir in den Genuss eines Achterls Rotwein (unten).

Ort ist bunt und farbig, selbst die Gas- und Stromzählerkästen sind bemalt. Die Menschen, die hier wohnen, haben eine Initiative ins Leben gerufen, um der Abwanderung entgegenzuwirken: Sie haben alte Handwerke, auch Kunsthandwerke, wieder entstehen lassen. So können wir in einer etwas außerhalb des Ortes gelegenen Wassermühle auch heute noch beim Getreidemahlen zuschauen, und im Ort wird noch in einem großen, alten Holzofen gebacken. Gerade rechtzeitig kommen wir daran vorbei, als gegen einen kleinen Obolus ofenfrisches Brot ausgegeben wird.

Im Gegensatz zu den oft verwaisten, teilweise verfallenen Geisterdörfern im nördlichen Piemont begegnet uns Usseaux als sehr lebendiger Ort. Alte Frauen treffen sich zum Tratschen vor ihren Häusern, Kinder spielen in den engen Gassen Fußball. Und wenn die Sonne abends untergeht, genießen Einheimische und Touristen gleichermaßen den südländischen Charme des Dorfs bei einem Glas Rotwein in einem der vielen Straßenlokale.

Um die Tageshitze zu meiden, brechen wir am nächsten Tag sehr früh auf, denn vor uns liegt der 1400 Meter hohe Anstieg zum Col d'Albergian. Das Frühstück haben wir uns vorbereiten lassen, ganz alleine sitzen wir nun um fünf Uhr in der Früh hier im Speisesaal, schmieren Butter auf Weißbrot und nippen schweigend an unseren Kaffeetassen. Auch wenn uns das frühe Aufstehen schwerfällt, bringt es doch den riesigen Vorteil, den anstrengenden Aufstieg im kühlen Morgen zu bewältigen. Bei Sonnenaufgang haben wir die Lärchenwälder oberhalb von Usseaux schon durchwandert und kurz vor der Mittagshitze dann schon fast den Pass erreicht. Aber aus der Ferne erkenne ich, dass wir trotz unseres frühen Startes nicht die Ersten hier am Col d'Albergian in 2713 Metern Höhe sind.

Drei Personen sind schon da, beim Näherkommen schnappe ich italienische Wortfetzen auf. Aber vor allem Schimpfwörter und Flüche, begleitet von einem klackenden Geräusch. Bei ihnen angekommen, erkenne ich ihr Problem: Ein defektes Feuerzeug vereitelt ihnen das Zigarettenpäuschen. Mutlos schauen sie mich an. Ich kann ihnen tatsächlich helfen. Für den Gaskocher habe ich zwei Feuerzeuge dabei, jetzt, so kurz vor unserem Ziel, traue ich mich, das Reservefeuerzeug zu verschenken. Wir werden es sicher nicht mehr benötigen.

Glückselig paffen die drei nun kleine Rauchwölkchen in die Luft und starten Phase zwei ihrer »Genusstour«. Eine Zweiliter-Rotweinflasche wird aus dem Rucksack geholt und entkorkt. »Anita, hast du das gesehen? Die Italiener schleppen einen Doppler hier in die

Berge. Das machen ja nicht mal wir Österreicher!« Weiße Plastikbecher machen die Runde, Anita und ich sind herzlich zu einem Gläschen eingeladen. »Salute!«, rufen sie uns ausgelassen zu. Na, warum nicht, für heute geht es ja nur noch bergab. »Salute!«

Die nächsten Tage bringen uns, von den Übernachtungsplätzen abgesehen, durch fast menschenleere Landschaften. Tagsüber treffen wir nur vereinzelt ein paar Hirten, die ihre Tiere, zumeist Schafe, beisammenhalten und für ein paar Worte am Wegesrand, wenn auch in einem Sprachkauderwelsch, offen sind. Einmal betreten wir schon für kurze Zeit Frankreich, der Wanderweg führt uns jedoch wieder nach Italien zurück. Die Grenze zu unserem letzten »Wanderland« rückt so langsam, aber sehr bestimmt immer näher.

An unserem 91. Gehtag fällt uns am 2804 Meter hohen Colle di Bellino auf, dass wir uns zum Monviso, unserem Wegweiser, den wir eine Woche zuvor vom Rocciamelone aus als Entfernungsmesser benutzt haben, schon umdrehen und zurückblicken können. Wer sagt's denn, schon wieder ist ein Stück geschafft! Und trotzdem befällt uns beim Blick gen Süden leichte Verzweiflung. Noch immer erwarten uns hier: Berge, Berge, Berge. ✻

Ungeduldig warten die Ziegen darauf, gemolken zu werden (oben).
Traumhafte Zeltnacht bei Villanova (unten).

Meer in Sicht!

Durch die Seealpen zum Mittelmeer

Wir können es kaum glauben. Nur die Seealpen trennen uns noch von unserem Ziel. Jetzt sind wir uns sicher: Wir schaffen es! Hoch motiviert und voller Vorfreude eilen wir Nizza entgegen. Wann werden wir einen ersten Blick aufs Meer erhaschen? Morgen? Übermorgen? Vielleicht schon heute?

Der Hüttenwirt des Rifugio Campo Base bei Chiappera in den Cottischen Alpen gratuliert uns zu unserer Reise. Er hat unseren Eintrag in seinem Hüttenbuch gelesen, ist begeistert und verabschiedet uns mit den besten Wünschen für unseren restlichen Weg. Bei ihm haben wir unsere letzte Nacht auf italienischem Boden verbracht, heute wollen wir die GTA endgültig verlassen und Frankreich und die Seealpen betreten. Der Morgen des 28. August ist kühl, der Himmel stahlblau, leichte Herbststimmung schwebt schon in der Luft. Als wir nach unserem zeitigen Aufbruch den schattigen Talgrund verlassen, sehe ich auf der rechten Wegseite, auf einer Waldlichtung, ein Zelt stehen. Zwei Menschen sitzen davor und frühstücken, zusammengerollt schläft ein Hund an ihrer Seite. Ein Stückchen entfernt grasen ein Pferd und ein Esel friedlich auf der taunassen Wiese. »Schau, wie romantisch. So kann man auch reisen.« Wir wollen nicht stören und gehen weiter.

Oben, am Colle del Sautron in 2687 Metern Höhe, direkt an der Grenze zu Frankreich, springt der kleine weiße Hund mit bimmelndem Glöckchenhalsband zu uns herüber. Dann tauchen auch das Pferd, der Esel und seine Besitzer hinter dem Bergrücken auf und begrüßen uns freundlich. Es sind zwei Franzosen, Marie und Joel. Wir sprechen zwar kein Französisch und sie nur bruchstückhaft ein bisschen Englisch, aber wir verstehen, dass die beiden jedes Jahr für ungefähr vier Wochen hier in den Seealpen wandern gehen. Das Pferd und der Esel tragen ihr Gepäck, sie können daher viele Lebensmittel mitnehmen und über lange Zeit abseits der Zivilisation umherstreifen. Wir sind beeindruckt von ihrem Reisestil, sie nicht minder von unserer Wanderung. Viele Worte braucht es nicht, um Seelenverwandtschaften zu spüren. Sie befreien Pferd und Esel von

Da hinten ist es: Oberhalb vom Col de Turini sehen wir endlich das Meer! (S. 170/171). Marie und Joel aus Frankreich sind mit Pferd und Esel in den Seealpen unterwegs.

Zuversichtlich schauen wir gen Süden: Es kann nicht mehr weit sein (oben). Im Nationalpark Mercantour zeigt sich die Bergwelt wieder von einer ganz anderen landschaftlichen Seite: weite Täler, sanfte Hügel, karge Vegetation (unten).

ihrer Last, und gemeinsam legen wir eine lange Pause ein, in der sie uns mit frisch gekochtem, original nepalesischem Gerstenbrei, dem Tsampa, verwöhnen. Ihr Hund nutzt derweil den Schatten der Satteltaschen für ein weiteres Schläfchen. Zwei Stunden später verabschieden wir uns von den beiden und treten unseren Abstieg nach Larche an. Es ist inzwischen ziemlich heiß geworden hier oben in der baum- und schattenlosen Höhe, und beim Gehen knistert das trockene gelbe Gras unter unseren Schuhen. Da kommt uns das plätschernde, glasklare Wasser eines Gebirgsbaches gerade recht, um uns ein wenig zu erfrischen.

Waren wir in Italien noch auf Wegen der GTA unterwegs, bewegen wir uns in Frankreich auf den GR-Fernwanderwegen, den »Grandes Randonnées«. Und aus den italienischen Posto Tappas werden die Gîtes d'étapes. Gleich unser erster Gîte d'étape in Larche sieht jedoch alles andere als einladend aus. Ein mit Wellblech ummanteltes, fast fensterloses Haus soll uns beherbergen. Wir bauen lieber unser Zelt im Garten davor auf. Aber entgegen aller Befürchtungen entpuppt sich das Quartier doch noch als recht gemütliches und geselliges Heim. Und auch unsere Sorge, dass es nun vorbei ist mit den piemontesischen Schlemmereien, verfliegt, als wir abends weiterhin mit köstlichem Essen verwöhnt werden. Unsere Tischnachbarn sind Sylvian und Christine aus Straßburg. Beide haben die 50 überschritten, sind aber, wie wir in den nächsten Tagen feststellen werden, sehr flotte Wanderer. Sie sprechen relativ gut Deutsch, und wir können uns unterhalten: »Wo kommt ihr her?«, wollen sie von uns wissen. »Aus Wien.« »Ah, ja, Wien kennen wir auch. Eine schöne Stadt. Aber eigentlich wollten wir wissen, wo ihr zu Fuß herkommt? Welche Wanderung unternehmt ihr?« Natürlich verstehen wir diese Frage und lassen uns nicht lange bitten. Als Antwort hole ich die Alpenübersichtskarte hervor, auf der ich fein säuberlich mit Leuchtmarker unsere Route eingezeichnet habe. Großes Staunen und Anerkennung sind uns damit mittlerweile so gut wie sicher.

Von Larche aus erreichen wir nach kurzer Schotterstraßenwanderung den Eingang zum Nationalpark Mercantour. Auf den haben wir uns schon sehr gefreut. Wieder zeigt sich die Bergwelt, in der wir nun bereits seit so vielen Wochen unterwegs sind, von einer ganz neuen landschaftlichen Seite. Die Täler sind weit, offen und lang gestreckt, die Hänge eher sanft ansteigend und mit gelben, trockenen Horstgräsern bewachsen. Hie und da breiten Silberdisteln ihre strohigen, weißen Blütenblätter dicht über dem Boden aus. In tiefblauen Bergseen spiegelt sich der wolkenlose Himmel. Eine perfekte Wanderlandschaft, hier machen wir nicht nur Höhenmeter, sondern kommen auch richtig gut voran. Da das Zelten im Park zwischen 19 Uhr abends bis neun Uhr früh gestattet ist, müssen wir uns auch keine Gedanken um Unterkünfte machen und können unsere Tage hier gestalten, wie es uns gefällt.

Frei und unabhängig bewegen wir uns durch diese traumhafte südalpine Landschaft. Die Murmeltiere sind an Wanderer gewöhnt und lassen sich von uns nicht von ihren Fressgelagen abhalten. Sie wissen, dass der Herbst naht und sie ihren Winterspeck nähren müssen. Tatsächlich kommen sie uns ausgesprochen fett vor. Während wir uns durch ein Meer von Schafen schieben, die nur widerwillig und blökend den Weg freigeben, ziehen hoch über unseren Köpfen die Könige der Lüfte gelassen ihre Kreise. Frei schweben die Adler am Himmel, wie um die zahmen, wolligen Herdenviecher am Boden zu verspotten.

»Sagt mal, seid ihr Hans und Anita?« Überrascht drehen wir uns um. »Ja, sind wir. Kennen wir uns?« Der junge Mann mit riesigem Rucksack stellt sich als Raphael vor und scheint sich sichtlich über unsere Begegnung zu freuen. »Vor einigen Wochen hab ich auf der Schoberhütte euren Eintrag im Hüttenbuch gelesen. Seither frag ich mich immer, ob ich euch irgendwann einmal treffe. Ich bin auch auf dem Weg von Wien nach Nizza!«, erzählt er uns mit leuchtenden Augen und schwäbischem Akzent. Wir staunen nicht schlecht. »Und wir dachten, wir sind die einzigen Verrückten hier!« Zusammen setzen wir unseren Weg fort und bauen in Bousiéyas, einer kleinen Siedlung mit einer Handvoll Häuschen, unser Zelt direkt neben dem winzigen Friedhof auf. Hier treffen wir auch das Straßburger Paar wieder und freuen uns über einen gemütlichen und geselligen Abend.

»… achtzehn, neunzehn, zwanzig, einundzwanzig! Das gibt's doch nicht. Einundzwanzig Geier kreisen hier über unserem Zelt!«, ruft Anita. »Na, auf mich warten sie nicht! Ich war schon lange nicht mehr so fit wie in den letzten Wochen«, lache ich.

In Saint-Étienne-de-Tinée, einem idyllischen Städtchen, legen wir einen Rasttag ein. Viele Häuser sind rosa gestrichen, bei den meisten bröckelt die Farbe bereits ab. Das ist jedoch nicht unansehnlich, eher charmant, pittoresk, südfranzösisch! Schmuckstück der hölzernen Haustüren sind originelle Messingtürklopfer. Mal ist es ein Löwenkopf, der auf Besucher wartet, ein kunstvoll geschwungener Bogen oder eine elegante Frauenhand. Was sind dagegen unsere schrill rasselnden elektronischen Türklingeln. Wir lassen uns durch die schmalen, angenehm kühlen Gassen treiben, genehmigen uns zwei Cappuccino in einem Straßenlokal, beobachten die Einheimischen und entdecken an einer gelben Hauswand ein Hinweisschild Richtung Nizza! Na bitte, jetzt kann es doch wirklich nicht mehr weit sein.

Einmal musste es wohl noch sein. Einmal noch sollten wir bis auf die Haut vom Regen eingeweicht werden. Es scheint, als wolle sich unser ständiger Begleiter dieses Sommers noch ein letztes Mal in Erinnerung bringen, und so erreichen wir unser Tagesziel, den legendären Col de Turini, vor Nässe triefend und tropfend. Der Spirit der legendären Rallye Monte Carlo ist hier allgegenwärtig. Im Hotel »Les Chamois« bewundere ich zahlreiche Fotos, auf denen Sieger und Verlierer dieser kurvenreichen Rennstrecke dokumentarisch festgehalten werden.

Am nächsten Morgen schlüpfe ich nachdenklich in meine leider noch patschnassen Schuhe. »Irgendwann muss das Meer doch zu sehen sein«, murmele ich vor mich hin. Zum Glück ist das Wetter heute wieder strahlend schön, wir können die Schuhe trocken tragen, während wir den Col de Turini mit seinen Rennfahrerhelden hinter uns lassen. Auf verdorrtem, langhalmigem und gelbem Gras stapfen wir einen sanften Hügel hinauf. Kein Wölkchen zeigt sich am Himmel. Dann führt der Weg durch lichten Nadelwald, eine weitere, leichte Steigung folgt, wir gelangen auf eine waldfreie Anhöhe, und plötzlich stockt mir der Atem! Das Meer! Mein Blick nach vorne bleibt nicht, wie so oft in den vergangenen Monaten, an Gipfeln, Felswänden und Bergketten hängen, sondern verliert sich in weiter Ferne am dunstigen Horizont. Dort, wo sich das Blau des Meeres mit dem des Himmels vermischt. Mein Herz zerspringt fast vor Freude. Das ist der Augenblick, den wir uns monatelang vorzustellen versucht haben. Der Moment, den wir immer wieder vor unserem geistigen Auge gesehen haben. Die Vorstellung, irgendwann einmal auf unserer Wanderung das Meer zu sehen, hat uns vor allem in den Tagen des Nebels und Regens, auf den unzähligen windigen Pässen motiviert, nicht aufzugeben, sondern einfach daran zu glauben, dass wir unser Ziel erreichen. Heute, hier und jetzt ist es so weit, wir können es kaum glauben. Bis nach Nizza können wir schauen, unser Ziel ist plötzlich zum Greifen nah. Jetzt sind wir uns absolut sicher, dass wir Nizza erreichen. Drei Gehtage noch. Dichte, grüne Macchia verschluckt uns, während wir nach Sospel absteigen.

Durch die üppig grüne, mediterrane Gebirgslandschaft wandern wir dem
Col de Turini entgegen.

Das kleine Städtchen Sospel steuern wir ganz bewusst an, denn hier treffen wir Andrea, eine Freundin, die zusammen mit ihrem Mann in einem Haus etwas außerhalb der Ortschaft wohnt. Über E-Mail haben wir uns verabredet und vereinbart, dass wir zwei Tage bei ihnen bleiben dürfen, uns ein wenig ausruhen und auf das Ende unserer Reise vorbereiten können. Besser hätten wir es nicht erwischen können. Ihr wohnliches, mannigfaltiges Haus wird uns sofort zum Heim – weit weg von zu Hause. Via Internet buchen wir in Nizza ein Hotel und für drei Tage später den Rückflug nach Wien. »Puh, Anita, jetzt haben wir ja wieder Termine. Das sind die ersten Termine seit vier Monaten. Fast schon stressig, oder?«

Sospel verlassen wir im Morgengrauen, um der Tageshitze ein vorletztes Mal zu entgehen. Am kühlen Morgen kommen wir zügig ein gutes Stück weit voran. Als es warm wird, suchen wir uns ein Plätzchen für ein zweites Frühstück. Während wir im Schatten einiger Eichen und Kiefern sitzen und uns ein wenig ausruhen, taucht plötzlich wie aus dem Nichts eine Herde frech meckernder Ziegen aus dem Gestrüpp auf. Es scheint, als wollten sie sich stellvertretend für alle Vierbeiner, die uns während unserer Wanderung begegnet sind, verabschieden. So dreiste Tiere waren uns jedoch noch nie über den Weg gelaufen! Während eine braune Geiß versucht, Anita die Kekse aus dem Mund zu stehlen, machen sich drei andere über die am Boden ausgebreitete Jause her. Ich habe alle Hände voll zu tun, packe eine an den Hörnern, versuche sie wegzuziehen, aber keine zehn Sekunden später ist sie wieder da. Anita gelingt inzwischen die Rettung eines Großteiles unserer Jause. Doch die Tiere gewinnen. Rasch beenden wir unsere Pause und verlassen fluchtartig den Rastplatz.

Am Wegesrand duftet es nach Thymian, Lavendel und Rosmarin. Sanfter Wind hebt die schmalen Blätter der Olivenbäume, silbrig schimmern die Blattunterseiten in der späten Morgensonne. Die schmalen Silhouetten vereinzelter Zypressen schieben sich durch dichtes Gebüsch. Wunderbare Landschaft der Provence. Wie ein Adlerhorst liegt das kleine Dorf Peillon auf einer ausgesetzten Felsnase. Eine steile Steinstufe bringt uns hinunter und hinein ins Labyrinth der verwinkelten Gässchen. Wir flanieren durch diesen hübschen Ort und erfreuen uns an seinem südfranzösischen Flair.

Doch unversehens wird uns bewusst, dass wir ab jetzt im urbanen Bereich unterwegs sind, mit den schönen Wanderwegen ist es nun vorbei. Wo es eben noch so belebend nach den Kräutern

Endlich: das Meer! Von einem flachen Hügel oberhalb des Col de Turini
erhaschen wir einen Blick auf Nizza und das Mittelmeer (oben). Die letzten
Schritte zu den Wellen (unten)

der Provence geduftet hat, sind wir unsere letzten Schritte auf Fuß-wegen gegangen.

Unsere letzte Zeltnacht muss nicht mehr romantisch sein. In Le Moulin finden wir einen zweckmäßigen Campingplatz. Auch beim Abendessen sind wir pragmatisch. Aus einem nahe gelegenen Restaurant holen wir uns zwei Take-away-Pizzen und Dosenbier und machen es uns auf dem Schotterweg vor unserem Zelt »gemütlich«. Wir sprechen heute Abend nicht viel, wir sind ziemlich müde und wohl beide mit unseren eigenen Gedanken beschäftigt.

Am nächsten Morgen fällt uns ein drahtiger, etwa 60-jähriger Mann auf, der gerade seinen Rucksack packt. Für wenige Augenblicke taxieren wir uns gegenseitig. Genau wie wir trägt er sichtlich abgenützte Bergschuhe, und auch der Rucksack deutet nicht auf einen Tagesausflügler hin. Es stellt sich heraus, dass er Franzose ist, aus Grenoble kommt und seit 48 Tagen auf dem GR5 unterwegs ist. Er hat heute seinen letzten Gehtag, sein Ziel ist Monaco. Wegen mangelnder Französischkenntnisse schreibe ich einfach mit dem Finger in den Morgentau einer Plastikliege: »101 Days.« Ich meine damit unsere 101 Gehtage. Auch wir haben heute unseren letzten Gehtag. Wir werden heute Nizza erreichen!

»Fußgänger verboten«, diktiert uns ein Verkehrsschild am Straßenrand. Doch wir lassen uns nicht mehr aufhalten. Jetzt sicher nicht mehr! Wir finden unseren Weg durch die Vororte und Industriegebiete von Nizza. Natürlich ist das jetzt keine schöne Wandergegend, doch damit haben wir gerechnet und uns innerlich darauf eingestellt. Nun ist es so weit. Ohne Karte, einfach nach Gefühl stapfen wir an den Hauptstraßen entlang Richtung Süden. Mehr oder weniger zufällig finden wir die Altstadt von Nizza und mischen uns unter die Sommertouristen. Nach süßlichem Parfüm duftende junge Frauen schweben in leichten Kleidchen an uns vorbei, die Bierbankgarnituren vor den Straßenlokalen warten auf Gäste. In Badelatschen und kurzen Hosen schlendern Urlauber scheinbar ziellos durch die Gassen. Quirliges Treiben herrscht um uns herum, und mir wird augenblicklich klar, dass unsere zeitverlorene Fußreise in wenigen Schritten ein abruptes Ende haben wird. Vielleicht schon unmittelbar hinter der nächsten Häuserecke.

Meine Gedanken auf diesen letzten Metern zu ordnen ist nicht einfach. Ich erinnere mich an unseren Aufbruch in Wien vor fünf Monaten, als wir nicht wussten, worauf wir uns einließen. Als wir nicht wussten, ob wir schaffen werden, was wir uns da vorgenommen hatten. Als wir nicht wussten, wo und wie lange wir unterwegs sein werden. Ich erinnere mich an die vielen Tage, an denen das Heute und Morgen keine große Rolle mehr gespielt hat. Wo es genauso war, wie wir es uns vorgestellt hatten. Die vielen Begegnungen mit den Menschen und den Tieren, ohne die diese Reise nur halb so schön gewesen wäre, kommen mir in den Sinn. Natürlich denke ich auch an all diese Tage und Stunden, als der Rücken schmerzte von der Last des schweren Rucksacks und wir meinten, nicht mehr genügend Kraft zum Weitergehen zu haben. Unvergessen auch diese feuchten bis nassen Tage, an denen wir knapp vorm Aufgeben waren und uns am liebsten in den Bus gesetzt hätten und nach Hause gefahren wären. All das geht mir durch den Kopf, während ich wie in Trance einen Schritt vor den anderen setze. Wie viele Schritte die eigenen Beine wohl durchgehalten haben? Mein Blick fällt auf die Bergschuhe. Abgewetzt sehen sie aus. Kein Wunder, nach knapp 2000 Kilometern Wegstrecke, etwa 90 000 Höhenmeter hinauf – und alles wieder hinunter.

Dann geht alles sehr schnell. Ein historisches Gebäude, ein Torbogen, die Linie des Meeres taucht auf. Autos flitzen davor hin und her, hochgewachsene Palmen säumen die Promenade. Schon können wir das Meer riechen. Der Wind trägt seinen typisch salzigen, fischigen Geruch an unsere Nasen. Wir überqueren die Straße und betreten den Strand. Jetzt riecht es vor allem nach Sonnencreme. In Bikinis und Badehosen aalen sich weiße und braune Körper in der Sonne, während Kinder hell lachend im flachen Wasser planschen. Wahrscheinlich geben wir einen skurrilen Eindruck ab, wie wir uns hier mit Bergschuhen und Rucksack durch die Badegäste den Weg zum Wasser bahnen. Aber wir lassen uns nicht beirren, wir sind in unserer eigenen Welt.

Noch 20, noch zehn, noch fünf Meter. Dann liegen die letzten drei Schritte vor uns. Wir legen den Rucksack ab und gehen ganz nach vorn zu der Linie des Wassers und greifen mit der Hand hinein. Es ist der 8. September, elf Uhr am Vormittag. Wir haben es geschafft. Ich jubiliere innerlich. Was für ein unglaublich tolles und befreiendes Gefühl, angekommen zu sein. Zu wissen, dass wir die Vision der Alpenlängsüberschreitung tatsächlich in die Tat umgesetzt haben. Gedankenverloren, einfach nur glücklich, stehen wir nun hier mit den Füßen im kühlen Wasser. Unsere Blicke schweifen zum Horizont, so richtig fassen können wir die Situation im Moment noch nicht. Alles fühlt sich leicht und neu an. Es ist, als stünden wir das allererste Mal in unserem Leben am Meer! ❄

Einfach los?!

Als wir glücklich zurückgekehrt waren, prasselten eine Menge Fragen auf uns ein. Einige versuche ich hier zu beantworten.

✳ Reine Kopfsache

Jeder, der einigermaßen gut zu Fuß ist, sollte unsere Reiseroute selbst erwandern können, denke ich. Auch wir haben nicht gezielt dafür trainiert. Viel wichtiger ist ein kühler Kopf an heißen Tagen und vor allem ein unzähmbarer Wille, das Ziel zu erreichen.

Wir ließen uns vom Gang der Dinge leiten. Manchmal mussten wir wetterbedingt von unserem Weg abweichen. Zu viel Schnee versperrte uns etwa den Sentiero Roma, heftige Gewitter ließen die Passage auf dem Meraner Höhenweg nicht zu. Aber die Ausweichstrecken entpuppten sich oft als landschaftliche Highlights.

✳ Leichtes Gepäck

Anita verzichtete weitgehend auf Lesestoff, ich auf eine umfassende Fotoausrüstung. Nur eine digitale Spiegelreflexkamera mit APS-C Sensor und einem 17–85 mm Zoomobjektiv waren dabei, plus zwei Akkus, mehr nicht. Kein Stativ, keine Filter! Abgesehen von wenigen Fotos, die Anita mit einer hochwertigen Kompaktkamera schoss, entstanden die Bilder für das ganze Buch (ebenso für meine Reportagevorträge) mit nur einem einzigen Objektiv.

Nur die untersten Kleidungsschichten packten wir in doppelter Ausführung ein. Als Regenschutz im einfachen Gelände ist ein Poncho von Vorteil. Er schützt auch den Rucksack und ist luftdurchlässiger als Regenjacke und -hose. Wir hatten noch leichte Gummilatschen dabei (für Hütte und Campingplatz). Unsere Bergschuhe haben die ganze Stecke durchgehalten, waren aber zum Schluss wirklich ausgelatscht.

✳ Hält der Körper durch?

Verspannte Schultern und müde Beine gehören einfach dazu. Wanderstöcke haben uns während der gesamten Tour gute Dienste

---

Auf unserer Reise hatten wir viele nette Begegnungen mit tierischen Freunden (oben) und liebenswerten Gastgebern (unten).

Gewisse Momente machen alle Motivationstiefen wieder wett:
Die Ankunft am Gipfel des Peilsteins (oben) oder die atemberaubende
Aussicht vom Gipfel der Veitsch (unten).

erwiesen. Gezielt eingesetzt, waren sie speziell bei steilen Abstiegen eine enorme Entlastung für die Knie.

Von Krankheit sind wir verschont geblieben – obwohl wir oft im nasskalten Wetter unterwegs waren. Einzig Anitas rechte Achillessehne war ein schwelendes Problem. Mit Pausentagen und lindernden Cremes konnte Anita aber die Schwellung im Zaun halten.

❋ Reisekasse

Etwa 5000 Euro hat jeder von uns ausgegeben, ohne Ausrüstung. Das klingt auf den ersten Blick viel, wir haben jedoch vier Monate lang auswärts gegessen und geschlafen. Wir haben weder jeden Euro umgedreht, noch gedankenlos ausgegeben. Gab es am Weg irgendwo Kaffee und Kuchen, gönnten wir uns diese Schlemmerei. Das Fünfsternehotel in Bozen war uns allerdings dann doch zu teuer, auch wenn es so verlockend gewesen wäre …

❋ Ziel erreicht?

Eine der skurrilsten Fragen, die mir nach unserer Alpendurchquerung von dem Journalisten einer Bergzeitschrift gestellt wurde, lässt mich heute noch schmunzeln. »Herr Thurner, die meisten Wanderer überqueren die Alpen in 8–10 Tagen. Warum benötigten Sie für Ihre Alpenüberquerung 101 Tage?« Nun ja, eine Längsüberschreitung von Wien nach Nizza ist dann doch etwas anderes als die klassische Strecke von Oberstdorf nach Meran …

Ich selbst habe einen neuen Blick für die Alpen gewonnen. Zwar kannte ich viele Alpentäler und -gipfel schon, aber erst nach dieser Tour ist mir klar geworden, wie abwechslungsreich dieses Gebirge ist.

Frei nach Oskar Wilde gibt es zwei Tragödien im Leben eines Menschen: Die eine ist, dass man seine Ziele nicht erreicht. Die zweite, dass man alle seine Ziele erreicht hat. Zumindest Letzteres kann in den Alpen nicht so schnell passieren.

Kartenplanung muss sein: Wie gehen wir weiter? (oben). Anitas Stützverband für die Achillessehne (Mitte) Klatschnass erreichen wir das Städtchen Moos (unten). Die richtige Perspektive macht das Bild (S. 188/189).

In der warmen Gaststube des Habsburghauses auf der Rax schläft es sich besser als im kalten Zimmer (oben). Nach einsamen Tagen in den Bergen verfallen wir in einen regelrechten Kaufrausch (Mitte). Ungebetene Gäste im Zelt am Morgen (unten).

Wir haben unser Ziel erreicht!

Impressum

Verantwortlich: Isabel Weis, Joachim Hellmuth
Redaktion: Linde Wiesner
Korrektorat: Asta Machat
Satz: Akademischer Verlagsservice Gunnar Musan
Kartografie: Kartografie Heidi Schmalfuß
Umschlaggestaltung: Coverdesign Uhlig
Herstellung: Bettina Schippel
Repro: LUDWIG:media
Printed in Slovenia by Florjancic Tisk

Sind Sie mit diesem Titel zufrieden? Dann würden wir uns über Ihre Weiterempfehlung freuen. Erzählen Sie es im Freundeskreis, berichten Sie Ihrem Buchhändler, oder bewerten Sie bei Ihrem nächsten Onlinekauf. Und wenn Sie Kritik, Korrekturen oder Aktualisierungen haben, freuen wir uns über Ihre Nachricht an Bruckmann Verlag, Postfach 40 02 09, D-80702 München oder per E-Mail an lektorat@verlagshaus.de

Unser komplettes Buchprogramm finden Sie unter:

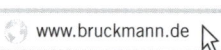

www.bruckmann.de

Textnachweis: Alle Texte stammen von Hans Thurner.

Bildnachweis: Alle Bilder stammen von Hans Thurner, www.hans-thurner.at, mit Ausnahme von Anita Lechner: Seite 47 o., 51 o., 70 o., 86 o., 86 M., 124 u., 144 o., 170/171, 184 u., 188 o., 188 u., 188/189

Cover: Blick vom Rifugio Ca d'Asti (o.); Nähe Schimpelscharte (u.)
Rückseite: Rifugio Ferioli in den Walliser Alpen (o. r.),
Vallorera-Tal in Südtirol (u. l.), Viola-Seen in der Schweiz (u. r.)
Seite 1: Senn Giorgio auf der Alpe Chiramonte
Seite 2–3: Gran Paradiso Nationalpark
Seite 4: Nationalpark Mercantour in den französischen Alpen

Die Deutsche Nationalbibliothek verzeichnet diese Publikation in der Deutschen Nationalbibliografie; detaillierte bibliografische Daten sind im Internet über http://dnb.d-nb.de abrufbar.

© 2018 Bruckmann Verlag GmbH, München
Sonderausgabe des Titels *2000 km Freiheit*
(2015, ISBN 978-3-7654-8985-3)

ISBN 978-3-7343-1085-0